Queer lecture
Heft 14



ms
MännerschwarmVerlag

# Queer Lectures

*Queer Lectures* – so tituliert die *Initiative Queer Nations e.V.* ihre regelmäßig veranstalteten Vorträge zu aktuellen gesellschaftlichen, politischen und wissenschaftlichen Fragen. In der gleichnamigen Schriftenreihe werden die Vorträge in loser Folge publiziert. Jedes Heft enthält einen Vortrag, die Bündelung zu Sammelheften ist möglich. Bestellhinweise am Ende des Hefts.

INITIATIVE
queer nations

Queer Lectures
Schriftenreihe der Initiative Queer Nations e.V.
7. Jahrgang | Heft 14

*JENS DOBLER*

# WIE ÖFFENTLICHE MORAL GEMACHT WIRD

## DIE EINFÜHRUNG DES § 175 IN DAS STRAFGESETZBUCH 1871

Herausgeber: Benno Gammerl

Männerschwarm Verlag
Hamburg 2014

Initiative Queer Nations e.V.
Postfach 44 03 24 – 12003 Berlin
Tel. 030-6242688 – Fax: 030-61305852
vorstand@queer-nations.de

Bibliografische Information der Deutschen Bibliothek
Die Deutsche Bibliothek verzeichnet die Publikation
in der Deutschen Nationalbibliografie; detaillierte
bibliografische Daten sind im Internet über
http://dnb.ddb.de abrufbar.

Queer Lectures
Zeitschrift der Initiative Queer Nations e.V., 7. Jg. 2014, Heft 14

Jens Dobler
Wie öffentliche Moral gemacht wird
Die Einführung des § 175 in das Strafgesetzbuch 1871
Herausgegeben von Benno Gammerl

Die Vortragsreihe Queer Lectures wird organisiert von
Bodo Niendel und Andreas Pretzel.


Umschlaggestaltung: Hermann Schmidt, Neueform, Göttingen,
mit freundlicher Unterstützung der Stiftung Akademie Waldschlösschen

Druck: SoWa, Warschau
1. Auflage 2014
ISBN der Print-Ausgabe 978-3-86300-183-4
ISBN der Ebook-Ausgabe 978-3-86300-186-5

Männerschwarm Verlag GmbH
Lange Reihe 102 – 20099 Hamburg
www.maennerschwarm.de

# EDITORIAL

Vielleicht allzu lange haben sich die politischen Debatten im les-bi-schwul-trans-inter* Feld sowie die wissenschaftlichen Diskussionen der Homosexualitätengeschichte und der Queerstudien mit gleichsam internen Fragen beschäftigt. Ist die Homo-Ehe ein konter-revolutionäres Projekt? Steht die subversiv-sexradikale Attitude dem Erringen rechtlicher Gleichstellung im Weg? Kann man nach wie vor eine auf der zweiwertigen Geschlechterlogik basierende Identitätspolitik betreiben, die das Begehren nach dem gleichen Geschlecht ins Zentrum stellt?

So wichtig diese Fragen sind, sie laufen Gefahr, einer anderen, mindestens ebenso relevanten Reihe von Problemen die verdiente Aufmerksamkeit zu entziehen: Warum sind Menschen, die nicht in heteronormative Muster passen, in verschiedenen Weltregionen gewalttätigen Anfeindungen ausgesetzt? Wieso können homosexuellenfeindliche Parolen in Frankreich oder Baden-Württemberg beträchtliche Teile der Bevölkerung mobilisieren? Was bringt politische, religiöse oder mediale Leitfiguren in Russland und den Vereinigten Staaten dazu, gegen die angeblich um sich greifende Propagierung homosexueller Lebensweisen ins Feld zu ziehen?

Jens Dobler erforscht die Ursachen und Logiken des Homosexuellenhasses, indem er historisches Terrain neu sondiert. Ohne voreilige Parallelen zwischen der Vergangenheit und der Gegenwart ziehen zu wollen, untersucht er die Entstehung des deutschen Strafrechtsparagrafen 175 im 19. Jahrhundert. Diese Bestimmung, die die Geschichte der Homosexualitäten über 100 Jahre lang auf so furchtbare Weise geprägt hat, war – anders als man vielleicht vermuten würde – höchst umstritten und resultierte letztlich aus teils widersprüchlichen Interessen und Einflüssen. Doblers Analyse regt zu drei aus meiner Sicht besonders bemerkenswerten Überlegungen an. Diese betreffen die spezifische Modernität der Homosexuellenfeindlichkeit, den engen Zusammenhang zwischen dem Verbot des homo- und der

Regulierung des heterosexuellen «Beischlafs» sowie die besondere Rolle der Öffentlichkeit.

Anders als in heutigen Debatten oft unterstellt wird, war der Homosexuellenhass kein Relikt aus vormodernen Zeiten. Zwar hat die Strafbarkeit sexueller Handlungen zwischen Männern (und teilweise auch zwischen Frauen) eine lange Tradition, aber das Sexualstrafrecht des 19. Jahrhunderts resultierte letztlich aus einer spezifisch modernen Verknüpfung von sozialdisziplinierender Staatlichkeit, biopolitischen Strategien und einer massendemokratischen Öffentlichkeit. Paradoxer Weise basierten die im 19. Jahrhundert ebenfalls formulierten Argumente gegen die Verfolgung und für eine Tolerierung der Homosexuellen auf ganz ähnlichen Grundlagen. Gleichzeitig fanden sich aber auch sozusagen traditionellere Einwände gegen die Strafbarkeit der Homosexualität. Dobler deutet an, dass religiös-kirchliche Milieus die gesetzliche Verfolgung des einvernehmlichen Geschlechtsverkehrs zwischen Männern nicht einhellig unterstützten. Manche waren wohl der Meinung, dass das Reden über solche Sünden im Beichtstuhl besser aufgehoben wäre als im öffentlichen Gerichtssaal.

Ähnlich ambivalent wirkte sich der Zusammenhang zwischen Homo- und Heterosexualitäten auf die Debatten um das Strafrecht aus. Es überrascht zwar wenig, dass die Befürworter der juristischen Verfolgung die «Heiligkeit der Ehen» ins Feld führten. Zu deren Schutz, so behaupteten sie, sei eine strenge Bestrafung des nicht-ehelichen Geschlechtsverkehrs unabdingbar. Aber dieses Argument betraf konsequent zu Ende gedacht nicht nur männerliebende Männer. Wenn es letzteren verboten sein sollte, einander anal zu penetrieren, galt das dann auch für verschiedengeschlechtliche Paare mit oder ohne Trauschein? Die Geschichte des Sexual- oder Sittenstrafrechts, das macht Dobler deutlich, betraf nicht nur homosexuelle Männer. Vielmehr fürchteten sich die verschiedensten Menschen aus ganz unterschiedlichen Gründen vor einer Einmischung des Staates und seiner Behörden in ihr eigenes Geschlechtsleben und das anderer Bürger_innen.

Schließlich zeigt Dobler, indem er nacheinander die verschiedenen «Arenen» der Debatte um den § 175 untersucht, dass bei dessen Entstehung und Durchsetzung mitnichten nur politische und wissenschaftliche Eliten eine ausschlaggebende Rolle spielten. Letztlich trafen die widerstreitenden Ansichten in der breiten Öffentlichkeit aufeinander und mussten sich dort behaupten, die liberalen wie die konservativen, die für Milde wie die für unnachsichtige Verfolgung plädierenden, die von aufgeklärtem Humanitarismus wie die von religiösen Überzeugungen getragenen. Auch die frühe Homosexuellenbewegung erhob ihre Stimme in der öffentlichen Arena und beteiligte sich an den Auseinandersetzungen. Den Verlauf und das Ergebnis dieser Meinungskämpfe bestimmte, wie Dobler auf eindrucksvolle Weise verdeutlicht, oft ein einzelnes Sexualverbrechen, das die Aufmerksamkeit der Medien auf sich zog. Die Art und Weise, wie die Presse über solche Fälle berichtete und das Publikum auf diese Berichterstattung reagierte, war entscheidend für die Etablierung des § 175 in seiner damaligen Form. Nicht zuletzt in der Arena der Öffentlichkeit entschied und entscheidet sich also das Schicksal der sexuellen Vielfalt. Hier bilden sich Meinungen, wirken Initiativen und formen sich Allianzen – gegen die Homosexuellen oder aber gegen den Homosexuellenhass.

Benno Gammerl

# WIE ÖFFENTLICHE MORAL GEMACHT WIRD

## DIE EINFÜHRUNG DES § 175 IN DAS STRAFGESETZBUCH 1871

«In der 1. Legislaturperiode 1870 erhielt dieser Paragraph die Zahl 175 und wurde zu einer der umstrittensten Strafbestimmungen des Deutschen Reichsstrafgesetzbuches.» Dieser Satz stammt ausgerechnet von Rudolf Klare, jenem Juristen, der in der Nazizeit trotz bereits vorgenommener Verschärfungen eine noch strengere Fassung eben dieses Paragrafen 175 forderte (Klare 1937, 60). Trotz kleiner Unschärfen im Detail stimmt Klares Aussage. Der Paragraf erhielt die Nummer 175 jedoch bereits im Strafrecht des Norddeutschen Bundes von 1870. Als § 175 im Strafgesetzbuch des Deutschen Reichs trat er am 15. Mai 1871 in Kraft. Allerdings war diese Strafbestimmung (mit anderer Zählung) bereits vor 1870 eine der umstrittensten im deutschen Strafrecht.

Die verschiedenen Reformierungen und Verschärfungen dieser Strafbestimmung in den letzten 200 Jahren stellten fast so etwas wie eine Never ending Story dar – bis der Paragraf dann doch 1994 endgültig zu Grabe getragen wurde.

Die Ausgangsüberlegung zu diesem Beitrag ist die schlichte Frage nach dem Wie. Wie kam eigentlich der Paragraf 175 ins Strafgesetzbuch? Wie funktioniert so etwas rein praktisch? Wer entscheidet zu welchem Zeitpunkt, welche Fassung in das Gesetzbuch geschrieben wird?

Betrachtet man die Entwicklung des Strafrechts über die Jahrhunderte hinweg, besonders aber seit dem Mittelalter über die frühe Neuzeit bis ins 19. Jahrhundert, so lässt sich zusammenfassend feststellen, dass Homosexualität durchgängig strafbar war. Zwar unterschieden sich die Formulierungen der Gesetze in jedem deutschen Staat und in den jeweiligen Zeitabschnitten, aber die verschiedenen Gesetzbücher transportierten die

Homosexuellenstrafe bis ins 19. Jahrhundert hinein. Ihr lag scheinbar eine gewisse Selbstverständlichkeit zugrunde (vgl. Bleibtreu-Ehrenberg 1978). Schaut man sich jedoch die Prozeduren an, die hinter jeder Fassung des jeweiligen Homosexuellenparagrafen standen, ergibt sich ein ganz anderes Bild (vgl. Baumann 1968; Lautmann/Taeger 1992; Berndl 2007).

Erst die Aufklärung brachte Aufklärung. Nach der Französischen Revolution gab es in Frankreich keine eigentliche Homosexuellenstrafe mehr. Das neue französische Rechtssystem, niedergeschrieben im Code pénal von 1810, setzte sich in vielen europäischen Staaten durch. In Bayern war Homosexualität ab 1813 straffrei, in Württemberg war sie ab 1839 nur noch Antragsdelikt, ebenso in Braunschweig ab 1840. In Hannover ab 1840 und Baden ab 1845 wurde sie nur noch im Zusammenhang mit der Erregung eines öffentlichen Ärgernisses bestraft (vgl. Baumann 1968, 37). Damit stand Preußen mit seinen vier Sodomieparagrafen im preußischen Landrecht seit 1794 weit hinter der europäischen Entwicklung zurück. Dementsprechend war die preußische Auffassung keineswegs selbstverständliche Norm, sondern war im Gegenteil umstritten. Das ältere preußische Landrecht von 1620 schrieb in Artikel 5 fest: Es soll «alle Unkeuschheit so wider die Natur und sonst in was Weise es immer geschehen kann und für züchtige Ohren nicht zu erzählen gebühret, begangen wird, unnachläßlich mit dem Feuer vom Leben zum Tode gerichtet werden.»

Dieser Artikel gab dem Delikt noch keinen Namen. Selbst der Begriff war für «züchtige Ohren» noch nicht benennbar. Unter König Friedrich Wilhelm I. wurde die Bestimmung 1721 insofern abgemildert, als nun nicht mehr nur die Todes-, sondern auch Körper- und Haftstrafen verhängt werden konnten. Das Allgemeine Landrecht für die Preußischen Staaten regelte das Delikt 1794 in den Paragrafen 1069 bis 1072 neu. Es gab ihm einen Namen und schaffte die Todesstrafe ab (vgl. Berndl 2007):

> § 1069: Sodomiterey und andre dergleichen unnatürliche Sünden, welche wegen ihrer Abscheulichkeit nicht genannt werden können, erfordern eine gänzliche Vertilgung des Andenkens.
> § 1070: Es soll daher ein solcher Verbrecher, nachdem er ein- oder mehrjährige Zuchthausstrafe mit Willkommen und Abschied [d.i. Auspeitschung, Anm. J.D.] ausgestanden hat, aus dem Orte seines Aufenthalts, wo sein Laster bekannt geworden ist, auf immer verdammt, und

das etwa gemißbrauchte Thier getödtet, oder heimlich aus der Gegend entfernt werden.

§ 1071: Wer jemanden zu dergleichen unnatürlichen Lastern verführt und missbraucht, der ist doppelter Strafe schuldig.

§ 1072: Machen sich Aeltern, Vormünder, Lehrer oder Erzieher dieses Verbrechens schuldig: so soll gegen dieselben vier- bis achtjährige Zuchthausstrafe mit Willkommen und Abschied statt finden.

Ähnlich wie zur Zeit der Todesstrafe war das Verbrechen doch noch so schwerwiegend, dass jede Erinnerung an den Täter ausgelöscht werden sollte. Allerdings erfuhr das Gesetz auch eine wesentliche Reform. Masturbation und gleichgeschlechtliche Handlungen zwischen Frauen standen jetzt nicht mehr unter Strafe, weil sie von der Definition her nicht mehr als Sodomie angesehen wurden. In der Forschung ist die Frage noch offen, inwieweit Masturbation vorher real verfolgt wurde. Bleibtreu-Ehrenberg zitiert einen niederländischen Strafrechtler von 1601, der schrieb, dass Masturbation selten zur Anklage komme und wenn, dann mit Landesverweisung geahndet werde (vgl. 1978, 300). In diese Richtung wird man es sich vorzustellen haben. Faktisch zählte Masturbation zu den Sodomie-Verbrechen, real wird wohl kaum jemand deswegen verurteilt worden sein.

Da der Gesetzestext den Handlungen jetzt zwar einen Namen gab – «Sodomiterey» –, sie aber nicht genauer definierte, übernahmen Juristen und Gerichtsmediziner die Aufgabe, das Verbrechen genauer zu beschreiben. Praktisch jede strafrechtliche und gerichtsmedizinische Abhandlung jener Zeit ging auf das Delikt ein und beteiligte sich am Streit über dessen genaue Definition.

Der Jurist Johann Jakob Cella nannte 1787 nur zwei Formen der Sodomie: homosexuelle Handlungen unter Männern («sodomia sexus») und sexuelle Handlungen mit Tieren («sodomia generis»). Beide Handlungen sah er nicht als strafwürdig an, obgleich er sie als unerlaubt einstufte. Der für seine Zeit sehr moderne Cella forderte eine grundlegende Reform der Sexualstraftatsbestände. Ihm zufolge dürfte man Sodomie und Totschlag, Mord und Ehebruch nicht als gleichermaßen strafbare Handlung ansehen. Jede Handlung, bei der kein Dritter geschädigt werde, müsse künftig straffrei bleiben. Ehebruch sei bestenfalls eine Zivilangelegenheit. «Daß der Mensch selbst sich dadurch ruinirt, sich und seinen moralischen Karakter entadelt, macht ihn an und für sich so wenig zum peinlichen Verbrecher, als der es ist, der durch unnatürlichen Genuß starker Getränke sich zum unbrauchbaren siechen Menschen macht, oder nach und nach gar zu tod sauft.» Obwohl Cella Vergewaltigung als Straftatbestand ansah, weil dabei «ein Dritter» geschädigt wird, wies er selbst «Verführung von Kindern» und das «Erregen eines öffentlichen Ärgernisses» lediglich dem Aufgabengebiet der örtlichen Sittenpolizei zu. Das staatliche Strafgesetzbuch sollte sich mit diesen Tatbeständen nicht befassen.

Auch Masturbation sah Cella als ein harmloses Laster an, das allein die Pädagogik bekämpfen müsse. Ausführlich diskutierte er ferner die sexuellen Handlungen zwischen Frauen. Er verneinte, dass es sich dabei um Sodomie handele. Es seien Handlungen von der Qualität eines onanistischen Lasters («Fingersünden»). Im Übrigen gehe keine Gefahr davon aus: «Weib mit Weib können sich immer nur sehr unvollkommen die Freuden des Beischlafs verschaffen. Der Durst nach Wollust wird bei unzüchtigen Umarmungen zwischen Weib und Weib mehr erhitzt und genährt, als gestillt und befriedigt. Geile, unzüchtige Mädchen werden sich dahero, jener Ausschweifungen ohnerachtet immer noch ehender nach dem vollständigen Genuß des ordentlichen Beischlafs sehnen, werden immer ehender auf den Weg der Natur zurücktreten, als Knabenschänder.» Der männliche Homosexuelle («Knabenschänder») galt bei Cella als Verlorener, während die weibliche Homosexuelle durch die Unvollkommenheit der Handlung auf den «Weg der Natur» zurückkomme (Cella 1787, 12-75; vgl. auch Henke 1826, 160-172). Insgesamt riet Cella kein Aufheben von der Sache zu machen: «Es ist ja ganz natürlich, dass, wenn ein Sodomit öffentlich verbrennt wird, vielleicht tausend unschuldige Seelen, die nach der Ursache, nach der Beschaffenheit seines Verbrechens fragen, dadurch zuerst deutliche Begriffe von diesem Laster bekommen, und bei lebhaften, zur Wollust geneigten Seelen gar leicht - sollte es auch nur aus Vorwitz geschehen - Triebe zu einem Verbrechen veranlasst werden, die vielleicht nie geweckt worden wären, wenn nicht so laut, so lebhaft davon gesprochen worden wäre. Nach Dingen, von denen man nur selten und gleichgültig spricht, werden nur wenige lüstern» (Cella 1787, 12-75).

Die Sache nicht nur nicht an die große Glocke zu hängen, sondern sie möglichst verborgen zu halten, damit die Untersuchung selbst keine nachteiligen Folgen habe, riet auch der Jurist Karl von Grolmann. Er wollte Sodomie (bei ihm: homosexuelle Handlungen unter Männern, sexuelle Handlungen mit Tieren, Masturbation) nur bestraft wissen, wenn sie öffentliches Aufsehen errege. Ansonsten sah er sie als ein «Polizeyverbrechen» und nicht als Straftat an und schlug demzufolge ortspolizeiliche Regelungen vor (Grolmann 1797/1818, 423ff.).

Die gerichtsmedizinische Literatur war gewöhnlich vielfältiger, denn sie musste sich nicht unbedingt an strafrechtliche Kategorien halten. Johann Christoph Fahner unterschied um 1800 sechs Arten von Sodomie («Unkeuschheit wieder [so im Original!] die Natur»): 1. «Onanie», 2. «Die Knabenschande», 3. «Schändung der Leichname», 4. «Fleischliche Vermischung mit Thieren», 5. «Die Befriedigung der Wollust an Statuen», 6. «Mittelst einer langen clitoris». Als Masturbationsform sieht er den Analverkehr zwischen Mann und Frau an, wie auch den Verkehr zwischen Frau und Frau. Diesen konnte sich Fahner offensichtlich nur als penetrationsähnliche Handlung vorstellen, wobei Frauen mit großer Klitoris, die er auch als «Zwittergestalten» bezeichnete, andere Frauen damit «kitzeln»: «Berüchtigt war diese Art von Wollust schon ehedem durch die lesbische Dichterin Sappho; sie hieß daher auch die lesbische Liebe, oder die Liebe der Tribaden. [...] freilich bleibt eine solche Befriedigung der Wollust doch immer sehr unvollkommen, aber sie findet sich doch vielleicht häufiger, als man denken sollte [...]». Der Begriff der «Knabenschande» steht bei Fahner eindeutig für männliche Homosexualität: «Dieses scheusliche Laster ist leider auch unter uns, besonders in unsern großen Städten, sehr eingerissen [...] Dieser verkehrte Geschmack einer verbrecherischen Liebe, die das a posteriori und sogar beim männlichen Geschlechte sucht, was sie beim weiblichen Geschlechte a priori suchen sollte, wird [...] für die künftigen Generationen unwiederbringlichen Nachtheil noch zur Folge haben, und sollte daher billig auch in foro, wenn dergleichen Greuel öffentlich zur Sprache kommen, aufs strengste gerügt werden» (Fahner 1800, 172-178).

Der Gerichtsmediziner Adolph Henke bezeichnete männliche Homosexualität 1832 als «Päderastie» und meinte damit ausdrücklich «Knabenschändung». Offensichtlich konnte er sie sich nur als intergenerationelle Handlungen vorstellen. Zur Sodomie rechnete er ferner die weibliche Homosexualität («lesbische Liebe» «Tribades», «fricatrices»), die auch er sich nur mit einem großen Kitzler denken konnte, und sexuelle Handlungen mit Tieren (Henke 1832, 136-137).

Der Gerichtsmediziner Georg Heinrich Masius wiederum zählte die ganze Reihe auf: «Das Laster der Sodomie wird begangen, wenn der Mann mit einem Manne, und das Weib mit einem Weibe, und wenn der Mensch mit einem Thiere den Beischlaf ausübt, oder mit Leichnamen, Scheintodhen oder Statuen sich vermischt. Die letzteren Arten sind seltner, wenn gleich nicht unerhört» (Masius 1812, 36-37). Später erweiterte er die Definition sogar. Sodomie sei auch Anal- und Oralverkehr zwischen Mann und Frau (vgl. Masius 1822, 264).

Letzteres war natürlich Unfug. Obwohl die Nichtstrafbarkeit des heterosexuellen Analverkehrs als logischer Widerspruch im Recht immer wieder ins Feld geführt wurde, war die Einteilung relativ eindeutig. Sie orientierte sich an drei Kategorien: 1. natürliche Zucht (Heterosexualität), 2. Unzucht und 3. widernatürliche Unzucht bzw. Sodomie. Der Begriff natürliche Zucht tauchte so wortwörtlich nie auf, aber umfasste sinngemäß das, was nicht zu den anderen beiden Kategorien gehörte: heterosexuellen vaginalen Verkehr mit dem Ziel, Kinder zu erzeugen. Der Theologe Carl Friedrich Bahrdt definierte ganz klar: «Das erste ist die gemeinschaftliche Befriedigung des Geschlechtstriebes. Denn da sich Eheleute miteinander verbinden, dem Staate neue Mitglieder zu erzeugen, und die Natur selbst diesen Trieb euch zu einem der stärksten und unüberwindlichsten Bedürfnisse gemacht hat, so ist es ja wohl natürlich, dass ihr sowol dies Bedürfniß hier befriedigen, als eure dem Staate schuldige Pflicht erfüllen müsset» (Bahrdt 1790, 303). In diesem Sinn hieß es auch im Artikel 1 des Allgemeinen Landrechts für die Preußischen Staaten fest (Teil II, Titel 1): «Der Hauptzweck der Ehe ist die Erzeugung und Erziehung der Kinder.» Diese Vorschrift wurde sowohl theologisch als auch staatspolitisch begründet. Die Mediziner dirigierten zudem auch die richtige Stellung. Georg Heinrich Masius argumentierte, der Beischlaf müsse im Liegen (die Frau unten) erfolgen, weil diese Stellung die «geschickteste» Art zur «Befruchtung» sei. Der Geschlechtsverkehr im Stehen oder von hinten sei dagegen nicht angeraten, da eine Befruchtung nicht möglich oder garantiert sei, außerdem «weil der Beischlaf in dieser Stellung gewöhnlich nur mit Huren, die in der Regel gar keiner wollüstigen Empfindung mehr fähig sind, ausgeübt wird» (Masius 1822, 214-216).

Unter den Begriff der «Unzucht» fielen im Umkehrschluss alle heterosexuellen Handlungen, die nicht zielgerichtet waren: Oral- und Analverkehr,

Ehebruch, Prostitution (Gewerbsmäßige Unzucht), Verkehr mit Verhütungsmitteln (Mittel zur Herbeiführung unzüchtigen Verkehrs), gewalttätige Angriffe (unzüchtige Handlungen, Angriffe etc., Notzucht) und unzüchtige Schriften oder Bilder. Nicht alle unzüchtigen Handlungen standen unter Strafe.

In die dritte Kategorie der widernatürlichen Unzucht fielen alle übrigen «nicht zielgerichteten» und nicht heterosexuellen Sexualhandlungen. Als man 1794 davon absah, Masturbation und demzufolge weibliche Homosexualität, die als Form der Masturbation begriffen wurde, zu bestrafen, hatte das auch wesentliche Auswirkungen auf männliche Homosexualität. Masturbatorische Handlungen unter Männern konnten nun nicht mehr bestraft werden. Strafbar waren nur noch «beischlafähnliche» (so der spätere Rechtsbegriff) Handlungen - Handlungen, bei denen es zu einer «Vereinigung der Geschlechtsteile» kam mit dem Ziel, aber nicht der Notwendigkeit, einen Orgasmus herbeizuführen (Henke 1832, 154ff.).

Die Ausführungen der Gerichtsmediziner jener Zeit bieten Einblick in den Umgang mit Homosexualität. Masius berichtet mit Blick auf Rostock, dass «die Sodomie» in größeren Städten vorkomme und stillschweigend geduldet werde. Sie werde von vornehmen Wollüstlingen begangen. In Rostock habe sich 1820 ein Sodomit selbst entleibt. Auch seien Sodomiten öffentlich bekannt und man scheue sich nicht an öffentlichen Orten sie als solche zu bezeichnen. Mittlerweile sei das Laster auch in die unteren Volksklassen eingedrungen. «In manchen Städten kennt Jedermann die Päderasten [...] und die Obrigkeit schweigt, um (o des elenden Motivs!) kein Skandal zu veranlassen.» Das Laster gewinne immer mehr die Oberhand und würde an manchen Orten sogar von «Jünglingen» von 19 bis 20 Jahren «getrieben». 1817 habe ein Sodomit einen «armen Knaben» mit Schanker angesteckt. Der Fall blieb ohne gerichtliche Untersuchung, und «man begnügte sich damit, dass der junge Bösewicht sich auf einige Zeit entfernte» (Masius 1822, 264-267).

Ob es gängige Praxis war, solche Fälle nicht zu verhandeln, ist bislang nicht untersucht. Bereits zwanzig Jahre vor Masius hatte Fahner eine strikte Öffentlichkeit solcher Fälle gefordert, um «dem so verderblichen Strome einen haltbaren Damm entgegen zu setzen». Scharfe Bestrafung und Öffentlichmachung der Fälle seien notwendig und nicht, wie es fast «allgemein Sitte bey den Gerichten sei, dass die widernatürlichen Fleischesverbrechen, die ihnen bekannt werden, so viel möglich in der Stille beigelegt oder gar unterdrückt werden [...]» (Fahner 1800, 183).

Fahner führte die Homosexualität übrigens schon seinerzeit auf eine geistige Störung zurück. Er empfahl den Ärzten zu prüfen, ob Wahnsinn wie «Satyriasis» oder «Nymphomanie» mit im Spiel sei, «denn es ist gar unwahrscheinlich, dass ein an Seele und Körper sonst gesunder Mensch auf solche schrecklichen Dinge verfallen sollte» (Fahner 1800, 185). Das ist ein Beleg dafür, dass die Frage nach einer Geisteskrankheit als mögliche Ursache von Homosexualität bereits zu Anfang des 19. Jahrhunderts gestellt wurde.

Der Mediziner Ludwig Mende rechtfertigte die in früheren Zeiten hohen Strafen bei Sodomieverbrechen, weil es ansonsten schwerer gewesen wäre, die «Heiligkeit der Ehen aufrecht zu halten, und für eine gesetzmäßige Fortpflanzung zu sorgen, und in de[n Fällen, in denen] man es mit strengeren und widerspenstigeren Gemüthern zu thun hatte.» Er argumentierte hier klar in sozialdisziplinierender und bevölkerungspolitischer Absicht. Andererseits schrieb er, dass sexuelle Handlungen mit Tieren hauptsächlich aus Dummheit und aus gänzlichem Mangel an Erziehung geschehen würden und deswegen der Staat hier als Mitschuldiger anzusehen sei. Demzufolge könne dieses Verbrechen nicht mehr so grausam wie in früheren Zeiten bestraft werden. In Bezug auf Homosexualität («Knabenschänderey») deutete er das Vorliegen von Begriffslosigkeit an. Sie würde, weil sie so wenig vorkomme, einfach der «Sodomiterey» zugerechnet und bilde keinen eigenen Straftatbestand (Mende 1819/1984, 136-142).

Mende diskutierte auch einen Fall, der 1822 vor Gericht kam: In der Stadt O. heiratete ein Mann («Friedrich N.») eine Frau («S. D.»). Bald kam es jedoch zu Gerüchten, dass es sich bei dem Mann um eine verkleidete Frau handele. Einige Bewohner überwältigten «ihn» und stellten fest, dass es «eine Frau» war, die einen künstlichen Penis trug. Die Ehefrau wollte fortan von «ihm» nichts mehr wissen und «er» verschwand aus der Gegend, immer noch Männerkleidung tragend. Gegen die «S. D.» wurde nun eine Anklage wegen Sodomie geführt. Hier war es nämlich nicht bei den so definierten masturbatorischen Handlungen geblieben, sondern es war zu beischlafähnlichem Verkehr gekommen. Sie wurde freigesprochen (Mende 1824, 165-172; Mende 1819/1984, 138-139). Auch ein künstlicher Penis galt noch nicht als «Vereinigung der Geschlechtsteile» mit dem Ziel, einen

Orgasmus herbeizuführen. Noch ziemlich genau hundert Jahre vorher hatte ein ganz ähnlicher Fall zur Enthauptung der Angeklagten geführt (vgl. Steidele 2004).

Waren 1794 die Entwicklungen in Frankreich noch unberücksichtigt geblieben, holte das französische Recht Preußen mit der Einverleibung der Rheinprovinz 1814/15 ein. Dort galt bis zur Ausarbeitung einer allgemein gültigen Gesetzgebung französisches Recht. Friedrich Wilhelm III. gab 1825 den formellen Auftrag zur Ausarbeitung eines preußischen Strafgesetzbuches, das dann auch in der Rheinprovinz Gültigkeit gehabt hätte. Aus diesem Auftrag resultierten zehn höchst unterschiedliche Entwürfe über den künftigen Homosexualitätsparagrafen, bis man sich dann 1851 auf eine Fassung einigen konnte, die als § 143 ins preußische Strafgesetzbuch aufgenommen wurde.

Eine Forschungsgruppe an der Universität Bremen um Rüdiger Lautmann (dazu gehörten Hans Grünberger und Jörg Hutter,) untersuchte Ende der achtziger Jahre den Prozess des Zustandekommens dieser Fassung des Paragrafen 143 im preußischen Strafgesetzbuch.

Bevor ein Paragraf festgelegt wird, gibt es in der Regel verschiedene Entwürfe. Diese Entwürfe spielen in der Forschung eine sehr wichtige Rolle, weil unterschiedliche Vorstellungen, Positionen und Interessen darin zum Ausdruck kommen. Die Forschungsgruppe hat sehr nachdrücklich die verschiedenen Entwürfe untersucht und sie in Beziehung zu ihren jeweiligen Bearbeitern, den jeweiligen Justizministern und den Staatsoberhäuptern gesetzt. Keineswegs war es Konsens und unumstritten, Homosexualität zu bestrafen. Die Entwürfe reichten von völliger Straflosigkeit über liberale Fassungen bis hin zu verschärften Fassungen mit qualifizierten Straftatbeständen (vgl. Lautmann 1992a; Lautmann 1992b; Bleibtreu-Ehrenberg 1978, 310-337). Zur Debatte standen die Grundtatbestände homosexueller Handlungen unter erwachsenen Männern und sexueller Handlungen mit Tieren, die die Entwürfe, je nachdem, aufnahmen oder fallen ließen. Außerdem spielte das Schutzalter eine Rolle, wobei es eher um 16 als um 18 Jahre ging. Neben der Frage, was genau strafbar sein sollte, stand die Höhe der Strafe ebenso zur Disposition.

Konnten sich Konservative in der Verschärfung der Straftatbestände durchsetzen, versuchten Liberale wenigstens die Strafen zu senken. Der stärkste Widerstand kam aus der Rheinprovinz - sicher nicht, weil man dort der Homosexualität gegenüber besonders aufgeschlossen war, sondern weil eine rigide Auslegung auch Auswirkung, auf das gesamte Sexualstrafrecht haben würde. Legt man das Strafrecht ausschließlich auf reale Verletzungen und Schädigungen von Personen aus oder betrachtet man es als Kodex für Anstand, Moral, Sitte (und damit der Religion)? Handelt es sich um ein Strafrecht, in dem Rechtsgüterschutz im Vordergrund steht, oder um ein Sozialdisziplinierungsinstrument (vgl. Lautmann 1992a, 145)? Dahinter stand jedoch auch ein Kulturkampf: Rheinländer gegen Preußen, Protestanten gegen Katholiken. Inwieweit eine mögliche katholische Vorstellung, Sündenbekehrung gehöre in den Zuständigkeitsbereich der Kirche und nicht in den des Staates, hier einfloss, lässt sich nur vermuten, aber nicht belegen. Ein weiterer Streitpunkt war das unterschiedliche Strafprozessrecht: In Preußen sollten verbeamtete Richter die Fälle möglichst hinter verschlossenen Türen entscheiden. Das rheinische Recht sah dagegen eine Beteiligung der Öffentlichkeit im gesamten Verfahren vor, was der Absicht zuwiderlief, die Details derartiger Fälle nicht öffentlich zu verhandeln (vgl. Lautmann 1992a, 143). Hier dürfte die Vorstellung, so etwas gehöre in den Beichtstuhl, sicherlich auch einen Einfluss gehabt haben. Immerhin empörte das Gesetzesänderungsverfahren in einem Maße, dass es zu einer Demonstration Kölner Bürger in Düsseldorf gegen dieses Überstülpen preußischen Rechts kam (vgl. Lautmann 1992a, 176).

Diejenige Fassung, die das preußische Strafgesetzbuch von 1851 dann schließlich enthielt, war ein Kompromiss aus zwanzig Jahren Diskussion. Keine Seite konnte sich wirklich durchsetzen. Der neue § 143 lautete:

> Die widernatürliche Unzucht, welche zwischen Personen männlichen Geschlechts oder von Menschen mit Thieren verübt wird, ist mit Gefängnis von sechs Monaten bis zu vier Jahren, sowie mit zeitweiliger Untersagung der Ausübung der bürgerlichen Ehrenrechte zu bestrafen.

Als Begründung für die Beibehaltung wurden die «große Entartung und Herabwürdigung des Menschen» und die gefährdete «Sittlichkeit» angeführt (Lautmann 1992a, 166). Der Rückgriff auf Sittlichkeit und Moral als die Rechte Dritter ist von immenser Bedeutung. Was einvernehmlich zwischen zwei Personen geschah, wurde nicht als Privatangelegenheit angesehen. Die Problematik betraf das gesamte Sexualstrafrecht. Am Beispiel der Kuppelei lässt sich dies anschaulich aufzeigen. Bis weit in die 1960er-Jahre machten sich selbst Eltern strafbar, wenn sie ihre unverheiratete Tochter mit ihrem Freund übernachten ließen. Erst in den 1970er-Jahren wurden die schlimmsten Auswüchse im Sexualstrafrecht getilgt, dabei aber einige Paragrafen übersehen. Die Diskussionen der letzten Jahre über sogenannten Inzest machen es deutlich: Erwachsene Geschwister dürfen auch heute nicht einvernehmlichen Geschlechtsverkehr ausüben. Obwohl es keine Geschädigten gibt, übt der Staat Sittenkontrolle mittels Strafsanktion aus.

## EIN SPEKTAKEL IN VERSCHIEDENEN ARENEN

Rüdiger Lautmann hat das Zustandekommen des Sexualstrafrechts als «Multi-Arenen-Spektakel» bezeichnet (1992a, 168). Man mag sich an dem Begriff stören und nach Alternativen suchen. Ich halte ihn vorerst für brauchbar. Eine Multi-Arenen-Angelegenheit war es allemal und ein Spektakel sicher auch. Wichtig ist, dass Lautmann mit diesem Modell eine Forschungsperspektive eröffnet hat, die bis heute nicht weiter bearbeitet wurde. In der Frage des Zustandekommens der Strafbarkeit der Homosexualität sind für Lautmann mindestens diese Akteure untersuchenswert:

1. die politischen Institutionen in Preußen bzw. im Deutschen Reich,
2. die Jurisprudenz,
3. andere Wissenschaften (insbesondere die Medizin),
4. die öffentliche Meinung (Bevölkerung und Medien)
5. und die Betroffenen.

Das sind bereits fünf verschiedene Einflussebenen im Multi-Arenen-Spektakel. Hinzuzufügen sind hier aber noch die Kirchen, die zwischen Öffentlichkeit und Politik standen. Ihr direkter Einfluss und der Rückgriff von Politikern auf Sittlichkeit und Religion sind von immenser Bedeutung. Es sind gerade die Vertreter der konfessionellen Sittlichkeitsbewegung, die wiederholt darauf hinwiesen, dass es sich bei homosexuellen Handlungen um die Verletzung staatlicher Rechte handele. In der homosexuellen Handlung werde das staatliche Interesse an Ehe und Fortpflanzung verletzt (vgl. Quanter 1925, 284) sowie das «Naturgesetz» der Fortpflanzung, das letztlich von der Bibel vorgegeben werde (Wachtenborn 1910, 28-48).

Während der Einfluss der Jurisprudenz, der Wissenschaften und der Betroffenen in Ansätzen erforscht ist (vgl. Lautmann 1992a; Sommer 1998), sind die Einflussnahmen politischer Institutionen und der Kirchen ein weitgehend unbearbeitetes Gebiet.

Bevor im Folgenden die Bedeutungsebene der öffentlichen Meinung und ihre Beeinflussung durch Tagesereignisse untersucht wird, müssen sowohl die juristisch-politische Entwicklung als auch ihre Beeinflussung durch Lobby-Gruppen (pro und contra) dargestellt werden.

## DIE POLITISCH-JURISTISCHE EBENE

Die Annexion Hannovers und die deutsch-deutschen Einigungskriege machten die Gründung des Norddeutschen Bundes möglich. Verschiedene Schritte führten zu seiner Etablierung, zunächst 1866 als militärisch-wirtschaftlicher Verbund und durch die Konstituierung des Deutschen Bundestages am 12. Februar 1867 als Staat. Am 1. Juli 1867 trat die Verfassung des Norddeutschen Bundes in Kraft. Nachdem sich der Bund als stabil erwies – eine Reichsvereinigung zwar schon angestrebt, aber noch nicht absehbar war – beauftragte Otto von Bismarck am 17. Juni 1868 seinen Justizminister Adolph Leonhardt (1815–1880) damit, ein neues Strafgesetzbuch auszuarbeiten.

Grundsätzlich ist dabei anzumerken: Hier wie bei allen künftigen Reformen des Strafgesetzbuchs waren sich die Beteiligen bei dem Großteil der Paragrafen wie Raub, Diebstahl, Betrug, Körperverletzung usw. immer weitgehend einig. Streitpunkte bildeten Paragrafen, die auch heute noch in der Diskussion stehen: Todesstrafe, Abtreibung, politisch-kriminelle Vereinigungen, Beleidigung von Religionsgemeinschaften, das Sexualstrafrecht und hier insbesondere die Homosexuellenstrafe.

Justizminister Leonhardt beauftragte am 12. August 1868 den Minister für Geistige Unterrichts- und Medizinalangelegenheiten Heinrich von Mühler (1813–1874), zuständig also für die Wissenschaft, er solle einige Fragen über die «Vergehen und Verbrechen gegen die Sittlichkeit» vom medizinischen Standpunkt aus überprüfen lassen.

Leonhardt verklausulierte seine Anfrage so, als ob es nur um die Frage von sexuellen Handlungen zwischen Menschen und Tieren ginge. Angeblich stehe dieses Delikt noch unter Strafe, weil man früher die Ansicht vertreten habe, dass «eine solche Vermischung» zu Missbildungen geführt habe. Dann bezog er sich auf das französische, bayerische und belgische Strafrecht, wo entsprechende Strafvorschriften fehlten, und ging auf den zeitgleichen Entwurf des österreichischen Strafgesetzes ein (vgl. Weingand 2011, 40-87), wo man auf eine vergleichbare Regelung verzichtet habe, weil andere, ähnlich unzüchtige Handlungen (heterosexueller Analverkehr) auch nicht unter Strafe stünden und keine gesundheitlichen Beeinträchtigungen angenommen würden. Erst hier wird deutlich, dass es ihm in Wirklichkeit um die homosexuellen Handlungen ging. Leonhardt stellte deswegen zwei zu prüfende Fragen: Solle man auf den § 143 gänzlich verzichten oder nur noch die homosexuellen Akte bestrafen und die sexuellen Handlungen zwischen Mensch und Tier nicht mehr mit Strafe bedrohen? Er wies darauf hin, dass in den Motiven zum Entwurf eines neuen Strafgesetzbuches die Beibehaltung damit begründet werde, es handele sich um eine «so große Entartung und Herabwürdigung des Menschen» (GStA I. HA, Rep. 76, VIII A, Nr. 349; Hutter 1987, 148-158; Hutter 1992, 196-198). Das war die gleiche Begründung, mit der vormals der § 143 des preußischen Strafgesetzbuches legitimiert worden war.

Minister von Mühler beauftragte knapp zwei Monate später die «Königliche Wissenschaftliche Deputation für das Medizinal-Wesen» mit der fachlichen Klärung der Leonhardt'schen Fragen und mahnte das Gremium zur Eile.

Da Rudolf Virchow (1821–1902) Mitglied der Medizinal-Deputation war und auch das Gutachten unterzeichnete, wird es in der homosexuellen Geschichtsschreibung manchmal verkürzt als «Virchow-Gutachten» bezeichnet. Ob allerdings Virchow namentlich dazu Stellung nahm, ist bislang ungeklärt. Persönliche Expertisen sind dagegen von anderen Mitgliedern der Deputation erhalten. So von dem Professor für Medizin und Direktor der Chirurgischen Klinik der Charité Heinrich Adolf von Bardeleben (1819–1895), so von dem Geheimen Obermedizinalrat Wilhelm von Horn (1803–1871) und von dem Gerichtsmediziner Professor Karl Skrzeczka

(1833–1902). Zumindest Virchow ist als Freigeist bekannt, er nahm aktiv an der 1848er-Revolution in Berlin teil. Homosexualität war ihm nichts Unbekanntes, zu seinem engen Freundeskreis gehörte ein Homosexueller, der Virchow gegenüber kein Geheimnis daraus machte (Goschler 2002). Die Deputierten empfahlen alle eine Streichung des Homosexuellenparagrafen. Aus diesen Einzelgutachten wurde das Gesamtgutachten angefertigt, das am 22. März 1869 an Minister von Mühler übergeben wurde. Die Deputation empfahl einstimmig die ersatzlose Streichung. Jugendschutzgründe spielten in den Gutachten keine Rolle (vgl. GStA I. HA, Rep. 76, VIII A, Nr. 349).

Heinrich von Mühler überreichte am 17. April 1869 dieses Gutachten an Justizminister Leonhardt. Er betonte aber in dem Anschreiben an Leonhardt, dass es für ihn im «Interesse der öffentlichen Moral» unstatthaft wäre, den Paragrafen zu streichen. Damit stellte er sich in vorauseilendem Gehorsam gegen das Gutachten aus seinem Haus. Das befremdete damals auch viele neutrale Beobachter und es wurde gefragt, warum dann überhaupt erst eine Expertise eingeholt worden war (Hutter 1992, 201-203).

Gut ein Jahr später, am 31. Mai 1870, wurde das Strafgesetzbuch für den Norddeutschen Bund verkündet, der Homosexualitätsparagraf erhielt darin die Nummer 175. Am 1. Januar 1871 trat dieses Strafgesetzbuch in Kraft (Bundes-Gesetzblatt des Norddeutschen Bundes 1870, Nr. 16, S. 331-451).

Der Text des neuen Paragrafen 175 war identisch mit dem Paragrafen 143 des preußischen Strafgesetzbuches. Allerdings war die Strafe erheblich gemindert worden. War in § 143 noch ein halbes Jahr Gefängnis als Mindeststrafe angedroht, so war es jetzt mindestens ein Tag. Daraus kann man anhand der vorangehenden Entwicklungen schlussfolgern: Als die Reformer erkannten, dass sie sich gegenüber den Konservativen nicht durchsetzen konnten, versuchten sie zumindest beim Strafmaß Lockerungen durchzusetzen.

Zeitgleich mit der Einführung des neuen Strafgesetzbuches überstürzten sich die politischen Ereignisse. Am 1. Januar 1871, als das Strafgesetzbuch des Norddeutschen Bundes gültig wurde, wurde auch das Deutsche Reich gegründet. Dieses brauchte jetzt ein Reichsstrafgesetzbuch. Mit wenigen Änderungen (den § 175 betraf das nicht mehr) wurde das Strafgesetzbuch für das Deutsche Reich am 15. Mai 1871 verkündet.

| *Politisch-juristische Ebene* | |
|---|---|
| *17.06.1868:* | *Auftrag für ein neues StGB im Norddeutschen Bund (NB).* |
| *12.08.1868:* | *Auftrag von Justiz an Wissenschaft zur Erstellung eines Gutachtens.* |
| *10/1868:* | *Wissenschaft beauftragt Medizinal-Deputation.* |
| *22.03.1869:* | *Abgabe des Gutachtens der Medizinal-Deputation.* |
| *17.04.1869:* | *Minister Mühler empfiehlt Beibehaltung des Paragrafen.* |
| *31.05.1870:* | *Verkündung des § 175 im StGB des NB.* |
| *15.05.1871:* | *§ 175 im RStGB.* |

Das ist zunächst nur ein Teil der Chronologie. Nach Lautmanns Multi-Arenen-Spektakel sind hierin die Einflüsse der politischen Institutionen in Preußen bzw. im Deutschen Reich, der Jurisprudenz und der anderer Wissenschaften (insbesondere die Medizin) umrissen. Damit ist aber nicht der gesamte Prozess erklärt. Wie kam es dazu, dass trotz gegenteiliger Empfehlung der Wissenschaft der Paragraf nicht abgeschafft wurde?

Bei der offiziellen Begründung zur Beibehaltung des Homosexuellenparagrafen gab es eine Verschiebung: Während im Entwurf von einer «großen Entartung und Herabwürdigung des Menschen» die Rede war, führte Wissenschaftsminister von Mühler in seiner Ablehnung der Empfehlung der Medizinal-Deputation das «Interesse der öffentlichen Moral» an. In der Begründung zum Strafgesetzbuch hieß es dann 1869, dass man sich auf das «Rechtsbewusstsein des Volkes» stütze, welches «diese Handlungen» nicht bloß als Laster, sondern als Verbrechen ansähe (Taeger/Lautmann 1992, 242).

Was ist aber nun eine öffentliche Moral oder ein Rechtsbewusstsein des Volkes? Woran machte man das fest? Was ist Sittlichkeit oder gar ein Sittengesetz und wie misst man das? Immerhin bestand der Norddeutsche Bund und dann das Deutsche Reich aus einer ganzen Anzahl von Ländern, in denen Homosexualität vorher nicht mehr oder nur unter großen Einschränkungen bestraft worden war. Welche Interessengruppen haben auf der Beibehaltung bestanden oder welche haben sich dagegen ausgesprochen?

Während die Einführung des § 143 in das preußische Strafgesetzbuch ausschließlich auf politischer und juristischer Ebene verhandelt wurde, war die Situation 1868 völlig anders. Nicht nur, dass die medizinische Wissenschaft mit in die Beratungen einbezogen wurde, erstmals hatten sich auch Außenstehende - darunter Personen, die als Vertreter einer sich formierenden Homosexuellenbewegung angesehen werden können - mit Eingaben und Petitionen an das Justizministerium gewandt.

Hier ist in zunächst als der wichtigste Vertreter der Jurist Karl Heinrich Ulrichs (1825–1895) zu nennen. 1864 veröffentlichte Ulrichs sein erstes Buch zur Emanzipation der Homosexuellen, dem elf weitere in den nächsten Jahren folgten (vgl. Ulrichs 1994). Er kreierte den Begriff «Urning» (Urningtum) für gleichgeschlechtlich Liebende, eine neue Wortschöpfung, die lange gebräuchlich war und erst im ersten Jahrzehnt des 20. Jahrhunderts durch Homosexualität abgelöst wurde. Am 30. August 1867 hielt Ulrichs seine berühmte Rede auf dem sechsten Deutschen Juristentag in München (vgl. Kennedy 2001, 167-206). Es ist dies das Jahr der Gründung des Norddeutschen Bundes und gerade in Hinblick auf das neue Strafgesetzbuch fordert Ulrichs erstmals als Betroffener öffentlich die Aufhebung der Strafbestimmungen gegen Homosexualität.

Nach meinem Eindruck wurde der Einfluss Ulrichs lange Zeit erheblich unterschätzt. Das mag daher rühren, dass er stark in der Denktradition des 19. Jahrhunderts verhaftet war, vielleicht auch, weil er weniger als Wissenschaftler denn als Kämpfer für die Rechte der Homosexuellen daherkommt. Aber sein Einfluss auf die Politik seiner Zeit, auf das Geistesleben und dann auch auf die Theoriebildung in der beginnenden Sexualwissenschaft und direkt auf Hirschfelds Theorie der Zwischenstufen scheint mir zu wenig gewürdigt, obwohl neue Funde immer wieder das Gegenteil beweisen (vgl. Setz 2004). Kürzlich hat Volkmar Sigusch in seiner Geschichte der Sexualwissenschaft Ulrichs als den entscheidenden Vordenker der Schwulenbewegung und als den «Pionier der Geschlechterforschung» bezeichnet (2008, 144-165).

Ulrichs mischte sich in die Verhandlungen um das neue Strafgesetzbuch direkt ein und wurde auch zur Kenntnis genommen. Das mag daher rühren, dass er Justizminister Adolph Leonhardt kannte. Leonhardt stammte aus Hannover und war an der Göttinger Universität Ulrichs' juristischer Prüfer. Den Mitgliedern der Medizinal-Deputation wurden jeweils zwei Schriften von Ulrichs zur Information mitgegeben. Die Mediziner bezogen sich denn auch in ihren persönlichen Expertisen auf Ulrichs. Zwar lehnten sie ihn ab, weil sie ihn als Betroffenenvertreter nicht ernst zu nehmen (brauchten), aber das Deputationsmitglied Wilhelm von Horn schrieb zum Beispiel: «Aus den Schriften selbst ist aber viel zu lernen in Beziehung auf die Entwicklung und Anschauung seiner selbst und seiner Partei über das, was wir ein widernatürliches Laster nennen und über die erschrekkende Verbreitung jener unnatürlichen Unzucht, die seit Jahrtausenden existiert und die auszurotten noch nicht gelungen ist, auch wohl nicht gelingen wird.» Trotzdem empfahl von Horn die Streichung des Paragrafen.

Den sachverständigen Medizinern wird ferner eine Petition mitgegeben, die von dem Schriftsteller Karl Maria Benkert (1824–1882), besser bekannt als Karl Maria Kertbeny, stammte. Kertbeny hatte bis zum Herbst 1869 zwei Denkschriften gegen das Homosexuellenstrafrecht verfasst und direkt an Leonhardt gerichtet (Kertbeny 2000). Kertbeny war der Erfinder des Begriffes «homosexual». Es ist nicht sicher erwiesen, ob er homosexual war, seine Schriften verfasste er als «Normalsexualer.» Damit war er unangreifbarer und inhaltlich sind die Denkschriften fast interessanter als die von Ulrichs, gerade deswegen, weil er nicht aus der Betroffenenperspektive argumentiert.

Neben diesen beiden heute bekannten Vertretern gibt es aber noch weitere, die sich direkt einmischten. Ein ebenso mutiger, wenn auch eigenwilliger Eingeber war der Angestellte Heinrich Marx. Er forderte nicht nur die Straffreiheit, sondern auch das Recht der Homosexuellen zu heiraten. Seine Argumentation spielt mit dem Geschlecht. Da der «Urning» eine weibliche Seele habe, ergo eher weiblich sei, liege der Vorwurf gleichgeschlechtlicher Sexualität gar nicht vor. Nur wegen der Verfolgungen der letzten Jahrhunderte hätten Urninge auch unter sich «scheußliche Laster» getrieben. In Wirklichkeit aber sei der Urning «nur für den Mann geschaffen, wie das Weib für den Mann» (Marx 1875). Es liegen weitere 40 Eingaben und Gutachten von Ärzten, Juristen und sogenannten Betroffenen vor, die sich gegen die Strafbarkeit der Homosexualität aussprachen. Kaum eine dieser Eingaben ist bis heute aufgearbeitet und wir wissen bislang nicht, wer sich dahinter verbirgt. Allein die Höhe zeugt von Zivilcourage und der Umstrittenheit des Paragrafen (vgl. Hutter 1992, 222).

Allerdings blies auch die Gegenbewegung zum Angriff. Am 30. März 1869 reichte der Centralausschuss für die Innere Mission der evangelischen Kirche eine Petition gegen die «öffentliche Sittenlosigkeit» ein, die mit 15 000 Unterschriften an den Bundestag des Norddeutschen Bundes gerichtet war und gedruckt in hoher Auflage verbreitet wurde (Die öffentliche Sittenlosigkeit, 1869). Eine Woche vorher hatte die Medizinal-Deputation ihr Gutachten zum Wegfall des § 143 abgegeben, zwei Wochen später empfahl Minister von Mühler im Sinne der öffentlichen Sittlichkeit das Homosexuellenstrafrecht in bestehender Form zu belassen.

Im Centralausschuss saßen damals neben kirchlichen Amtsinhabern auch prominente Vertreter aus der Politik, so der ehemalige Staatsminister Moritz August von Bethmann-Hollweg (1795–1877) und der General und damalige Kommandeur von Berlin Friedrich Alexander von Bismarck-Bohlen (1818–1894), ein Vetter Otto von Bismarcks. Die Hauptforderungen der Petition waren zunächst moderat gefasst: Die Regierungen sollten die bestehenden Gesetze «wider die Unsittlichkeit» mit Nachdruck zur Anwendung bringen. Außerdem sollten in der künftigen Neugestaltung des Strafgesetzbuches die Paragrafen, die die Prostitution betrafen, einer Revision unterzogen werden, obwohl zugegeben wurde, dass Gesetze und Verwaltungsmaßnahmen allein nicht ausreichen dürften, um eine Änderung herbeizuführen. Es wurde damit die Hoffnung verbunden, durch verschärfte Gesetze einen gemeinsamen Aufbruch zur «Regenerierung unseres Volkslebens durch die Mächte des Christentums» zu gewährleisten.

Der Centralausschuss hatte sich in seiner Petition nur am Rande und nur für Eingeweihte verständlich auch zur Frage der Homosexualität geäußert: «Und dass selbst das unnatürliche Laster, das in Hannover – resp. Würzburg – seinen frevelhaften Apologeten gefunden hat, in Berlin wie auswärts im Verborgenen sein Wesen treibt, darf, weil die Tiefe der zu bekämpfenden Schäden gekennzeichnet werden soll, unmöglich verschwiegen werden» (Die öffentliche Sittenlosigkeit, 1869, 17). Gemeint war damit Karl Heinrich Ulrichs, der aus Hannover stammte und wegen seiner Emanzipationsschriften nach Würzburg in Bayern ausgewandert war, um einer etwaig bevorstehenden Strafverfolgung zu entgehen.

Die Petition war die kirchliche Stellungnahme zur Strafrechtsreform. Bestrebungen, Lockerungen bzw. Angleichungen an liberalere Fassungen des Sexualstrafrechts vorzunehmen, wurde eine klare Absage erteilt.

Mit diesen neu dazugekommenen Akteuren füllt sich die Arena jetzt und es wird Zeit, eine Zwischenbilanz zu ziehen. Stellen wir uns eine Waage vor und packen wir in eine Schale die Argumente gegen die Strafbarkeit:

| ***Politisch-juristische Ebene*** | ***Lobby-Ebene*** |
|---|---|
| | *1864: Ulrichs' erstes Buch erscheint.* |
| | *30.08.1867: Ulrichs' Rede auf dem Juristentag in München* |
| *17.06.1868: Auftrag für ein neues StGB im NB.* | |
| *12.08.1868: Auftrag von Justiz an Wissenschaft zur Erstellung eines Gutachtens* | |
| *10/1868: Wissenschaft beauftragt Medizinal-Deputation.* | |
| *22.03.1869: Abgabe des Gutachtens der Medizinal-Deputation* | *1869: Kertbenys und 40 weitere Eingaben von Bürgern gegen den § 175.* |
| *17.04.1869: Minister Mühler empfiehlt Beibehaltung des § 175* | *30.03.1869: Petition der ev. Kirche.* |
| *31.05.1870: Verkündung des § 175 im StGB des NB.* | |
| *15.05.1871: § 175 im RStGB* | |

In halb Europa galt französisches Recht und es gab dort keine Strafbarkeit der Homosexualität. Viele der neuen vereinigten deutschen Staaten kannten ebenfalls keine entsprechenden Strafbestimmungen mehr oder nur sehr eingeschränkte.

Der Straftatbestand war ein Delikt ohne Verurteilte, das heißt, die Verurteilungen lagen im Promillebereich. Zwar gab es vereinzelt Verfahren und es sind uns dramatische Prozesse mit furchtbaren Strafen bekannt, insgesamt aber fiel das Delikt statistisch nicht ins Gewicht. In Preußen kam es zu weniger als zehn Verurteilungen im Jahr, eher null bis fünf (vgl. Dobler 2008, 421-423). Der Strafzweck war damit nicht erfüllt. Dafür sprach auch, dass nur homosexueller Analverkehr unter Strafe stand, der nach Gutachten der Ärzte kaum vorkomme, viel häufiger sei wechselseitige Masturbation, die eben nicht unter Strafe stand. Ferner hatten die Mediziner der Medizinal-Deputation begutachtet, Homosexualität sei nicht gesundheitsgefährdend, und damit nicht staatsgefährdend, von einer Gefahr für die Jugend war keine Rede. Namhafte Bürger und Sachverständige hatten sich eigenständig in die Verhandlungen eingemischt, Bücher veröffentlicht, auf dem Juristentag gesprochen, sich als Betroffene beklagt und damit erhebliches Gegengewicht aufgebaut.

Das waren ziemlich schwergewichtige und sachliche Argumente, die man nicht einfach ignorieren konnte. Wenn wir uns die Waage anschauen, schlägt sie ziemlich zu ungunsten der Strafbarkeit aus.

Schauen wir uns dagegen die Seite der Strafbefürworter an: relativ dünne moralische, religiöse Argumente wie Entartung, Entsittlichung, Verfall des Christentums, Gesundung des Volkes. Zwar sammelte eine einflussreiche kirchliche Lobby-Organisation, die eng verknüpft war mit der Politik, 15 000 Unterschriften, aber substanzielle Argumente hatte sie nicht. Es wird mit dem «Heiligtum der Familie» argumentiert, die Furcht vor dem urbanen Moloch geschürt, Prostitution als schlimmstes Übel gezeichnet, Gesang-, Tanz- und Theateraufführungen werden als «liederlich» gebrandmarkt und die «frivolen» Texte und Illustrationen in der Presse, Literatur und in der öffentlichen Zurschaustellung verurteilt. Mehrmals wird vor dem Untergang des «Vaterlandes» gewarnt, sollte es zu einer liberaleren Fassung im Sexualstrafrecht kommen. Das Volk jedoch, das hier ebenfalls ständig beschworen wurde, war schon längst nicht mehr der Kirche blinder Untertan. Wir befinden uns am Abend vor dem Kulturkampf, der sich zwar gegen die katholische Kirche richtete, aber insgesamt gesehen auch gegen Aberglauben und Kirchenorthodoxie zu Felde zog (Schmidt-Volkmar 1962).

Es war zu diesem Zeitpunkt keinesfalls mehr selbstverständlich, Homosexualität zu bestrafen. Es war längst keine Pattsituation mehr, sondern die Vernunft begann sich durchzusetzen. Da brauchte es mehr, um von einer kirchlich-protestantischen Moral hin zu einer öffentlichen Moral zu kommen, eine öffentliche Moral, die das Delikt nicht nur als Laster, sondern als Verbrechen ansehen würde.

Zufällig fallen genau in diese Zeit einige Vorfälle, die den Strafbefürwortern die notwendigen Argumente liefern. Am 16. Februar 1867 wurde in Berlin der 16-jährige Bäckerlehrling Ernst Corny bestialisch ermordet. Es ist der Monat der Konstituierung des Bundestages des Norddeutschen Bundes und das Jahr des ersten öffentlichen Auftretens von Ulrichs auf dem Juristentag.

Es müssen einige der schrecklichen Details der Tötung hervorgehoben werden, sonst würde man die späteren Ereignisse nicht verstehen. Corny wurde im Invalidenpark tot aufgefunden. Er war grausam zugerichtet, hatte Kampfspuren am ganzen Körper, war wohl auch stranguliert worden. Der Tod trat aber durch eine Wunde am After und Unterbauch ein. Man hatte ihm einen etwa 30 Zentimeter langen, knapp drei Zentimeter dicken Stock oder Stil in den After gerammt, dabei den inneren Bauch so verletzt, dass er an dieser Verletzung starb. Außerdem wurden ihm die beiden Hoden aus dem Hodensack geschnitten. Auch fehlte die Milz und es war unklar, ob sie bewusst über die Wunde am After entfernt worden war.

Es wurde damals vom schrecklichsten Verbrechen, das Berlin je gesehen habe, gesprochen. Das muss man etwas relativieren. Es gab auch davor schon extreme Fälle von Tötungen und Misshandlungen - meist an Mädchen, - auch klassische Familiendramen, bei denen ein Vater seine ganze Familie auslöschte. Neu war wohl, dass es diesmal einen rechtschaffenen jugendlichen und vor allem männlichen Lehrling traf. Mit zur allgemeinen Abscheu trug sicher auch die extreme Art des ‚Lustmordes' bei und dann vor allem in der Folge das immerwährende Geheimnis, wer eigentlich der Mörder war.

Der Fall wurde nie aufgeklärt, beschäftigte aber gut zehn Jahre lang intensiv die Polizei und die Medien. In regelmäßigen Abständen wurden neue Spuren präsentiert, wurde von kurz bevorstehenden Verhaftungen berichtet, sogar Täter präsentiert, aber letztendlich niemand überführt. Der damalige Polizeipräsident Otto von Bernuth (1816–1887) musste einen Monat nach der Tat seinen Hut nehmen, weil die Ermittlungen nicht vorankamen. Die Polizei konzentrierte sich auf Zuhälter, aber wegen den anatomischen Kenntnissen auch auf Metzger/Schlachter. Ferner, so scheint es zumindest, überprüften die Behörden im Zuge der Ermittlungen alle polizeilich registrierten Gewaltverbrecher und wohl auch alle registrierten Homosexuellen. Die Bevölkerung in Berlin ging angesichts eines männlichen Opfers eines Sexualverbrechens ohnehin davon aus, der Täter müsse ein Homosexueller sein. Wer sonst sollte an dieser Art der Tötung ein Interesse haben? Meldungen von angeblich schwulen Missbrauchsfällen häuften sich in der Zeit auffallend. Zuhälter waren im Visier der Polizei, weil der Park angeblich einer ihrer Treffpunkte war.

Im Zuge der Ermittlungen wurde auch der polizeilich bekannte ehemalige Leutnant und Maler Carl von Zastrow (1821–1877) vorgeladen und überprüft. Von Zastrow war als Homosexueller bekannt, hatte verschiedene Male nachts in Berlin Männer angesprochen, ihnen eindeutige Angebote gemacht, ihnen zwischen die Beine gelangt und sich an sie herangedrängt. Manche hatten Anzeige erstattet, die Polizei ermittelte auch in einem konkreten Fall, das Verfahren wurde aber nicht eröffnet, da die Handlungen nicht in das Spektrum des § 143 fielen. Zastrow war seit gut zehn Jahren in Berlin unterwegs, machte im Bekanntenkreis keinen Hehl aus seiner Homosexualität, verteidigte sie sogar und warb dafür. Er gehörte zu einer schwulen Clique am Nationaltheater am Weinbergsweg und war auch wegen seines äußeren Aussehens (knapp zwei Meter groß, «herkulinische Gestalt») in Berlin, und insbesondere bei den Nachtarbeitern bekannt. Er hatte immer nur zu erwachsenen Männern Kontakt gesucht und abgesehen von den vielleicht unerwünschten Annäherungen nie Gewalt angewendet. Es ging ihm nicht um Analverkehr, sondern immer um wechselseitige Masturbation.

Von Zastrow wurde wieder entlassen, weil er nicht mit dem Mord an Ernst Corny in Verbindung gebracht werden konnte.

Im Dezember 1868 ereignete sich ein neuer Skandal in der Stadt. Der Berliner Lizentiat Dr. phil. Eduard Preuß (1834–1904) war Herausgeber und Autor verschiedener orthodoxer theologischer Werke, regelmäßiger Autor der preußischen «Kreuzzeitung», Privatdozent an der Universität zu Berlin und Religionslehrer am Friedrich-Wilhelm-Gymnasium. Im Dezember 1868 wurde ihm vorgeworfen, zu jungen Primanern «unsittliche Kontakte» unterhalten zu haben. Um sich einer offiziellen Untersuchung zu entziehen, flüchtete er in die Vereinigten Staaten. In der Presse und Bevölkerung entstand der Eindruck, dass man hier einen ‚Kinderschänder' im Rahmen eines Gentleman's Agreement habe laufen lassen.

Preuß hatte einen Fürsprecher: Carl von Zastrow. Er verteidigte Preuß öffentlich in einem Kaffeehaus in der Friedrichstadt, als andere sich über den Fall ereiferten, wie es insgesamt von Zastrows Art gewesen sein soll, in der Öffentlichkeit anderen Gespräche «über die ideale Männerliebe» aufzudrängen (Herzer 1992, 76-77). Dieser Fall fällt in die Zeit, als die Mitglieder der Medizinal-Deputation ihr Gutachten zur künftigen Strafbarkeit der Homosexualität erstellen mussten; sie ließen sich davon aber offensichtlich nicht beeindrucken.

In dieser durch die Fälle Corny und Preuß aufgeheizten Stimmung geschah ein weiteres Attentat. Diesmal traf es im Januar 1869 den 5-jährigen Jungen Emil Hanke im Grünen Weg in Friedrichshain. Auch hier müssen wieder Einzelheiten der Tat genannt werden, um die Zusammenhänge klarzumachen. Hanke wurde anal penetriert, was einen Darmriss zur Folge hatte, an seinem Penis wurde mit einem Messer eine Vorhautbeschneidung vorgenommen, er wurde in die Wange gebissen, stranguliert und auf einem Dachboden in ein Kaminrohr gesteckt. Die Sachverständigen konnten nicht klären, ob er dahinein gesteckt wurde, um ihn zu ermorden oder um in dieser Position die Vergewaltigung durchzuführen.

Die Presse stellte sofort einen Zusammenhang mit dem Mord an Corny her, zunächst wurde aber der Vater des Jungen festgenommen, weil Emil Hanke ihn klar als Täter benannte. Später wurde dieser wieder freigelassen, weil er durch seine Ehefrau ein Alibi hatte und Emil dann zunächst von einem anderen, dann von zwei Männern sprach.

Ein Zeuge brachte die Polizei auf die Spur: Ein Schneider Müller sagte aus, dass von Zastrow in den letzten Tagen vor dem Attentat in dieser Gegend gewesen sei. Schneider Müller war wohl Trinker, war vorbestraft, der Polizei aber kein Unbekannter, weil er früher öfter als Spitzel für die Polizei gearbeitet hatte. Von Zastrow sagte aus, dass er in geschlechtlichem Verkehr mit Müller gestanden habe und es sich bei der Anzeige um einen Racheakt handele. Müller erhielt die Belohnung zur Ergreifung von Zastrows, nachdem dieser verurteilt worden war: 50 Taler.

Von Zastrow wurde festgenommen, er war als Homosexueller bekannt, war bei den Ermittlungen zu Corny vorgeladen, der Junge erkannte ihn scheinbar wieder (widersprüchliche Aussagen), die Gebissspur könnte passen, am Tatort wurden ein Taschentuch und ein Spazierstock gefunden, die von Zastrow gehört haben sollen.

Die gerichtsmedizinische Untersuchung ergab, dass Hanke penetriert worden war, und es wurde davon ausgegangen, dass die Tat per Penis ausgeübt wurde. Von Zastrow wurde bei der Festnahme sofort gerichtsmedizinisch untersucht und es wurde eine deutliche Phimose attestiert, aufgrund derer er einen Beischlaf nicht ausführen hätte können oder wenn, deutlich sichtbare Einrisse davongetragen haben müsste. Die hatte er aber nicht.

Jetzt geschah etwas, was den eigentlichen Skandal des späteren Prozesses ausmachte. In Anlehnung an den Fall Corny sprach man irgendwie von einer Penetration, vermutlich mit einem Stock. Gestützt wurde die Vermutung mit dem Hinweis auf den am Tatort gefundenen Spazierstock, obwohl es nie zu einer Untersuchung dieses «Beweismittels» kam. Das heißt, ob der Stock wirklich die Tatwaffe war, blieb ausgespart. Mögliche Blut- oder Kotanhaftungen wurden nie thematisiert.

Berlin kam nicht zur Ruhe. Im Mai 1869 kam es zu Vorwürfen gegen den Lehrer L. Flack der Knaben-Waisen-Anstalt in Rummelsburg. Er sollte sich «unnatürlicher Verbrechen» an seinen Zöglingen schuldig gemacht haben. Flack beging daraufhin Selbstmord. Die Zeitungen stellten natürlich Verbindungen zu den Ereignissen um Eduard Preuß her, der Fall Zastrow bildete sowieso das Gesprächsthema Nummer eins, denn es wurde fast täglich darüber berichtet.

Im Juli 1869 kam es zum ersten Prozesstermin gegen von Zastrow. In der Stadt herrschte Lynchstimmung. Im Tiergarten wurden sogenannte «Zastrows» überfallen. «Zastrow» wurde zum Synonym für Homosexuelle. Zur Sicherheit wurde der Prozess in ein anderes Gebäude verlegt. Die Öffentlichkeit und damit auch die Presse waren bei Prozessen um Sittlichkeitsverbrechen bis dahin grundsätzlich ausgeschlossen. Bei diesem Prozess wurde erstmals ausgesuchten Pressevertretern der Zutritt erlaubt. Große Enttäuschung herrschte darüber, dass von Zastrow nicht auch im Falle Corny angeklagt wurde, denn die Berichterstattung der letzten Monate hatte die beiden Fälle immer zusammen diskutiert und von Zastrow auch als den möglichen Mörder von Corny ausgemacht. Die Beweise reichten jedoch nicht einmal für eine Anklage in diesem Fall.

Von Zastrow bestritt, irgendetwas mit der Tat an Emil Hanke zu tun gehabt zu haben, aber er bekannte sich in dem Prozess ausdrücklich zu seiner Homosexualität. Da er nach Ulrichs der zweite Mensch überhaupt war, von dem ein öffentliches Bekenntnis vorhanden ist, sollen die entsprechenden Passagen aus dem Prozess hier zitiert werden:

[...]

Präs. So war doch der Schönheitssinn bei Ihnen entwickelt. Sie sollen mit Vorliebe männliche Formen gemalt haben. Ist eben die männliche Schönheit der weiblichen vorzuziehen?

Angekl. Nach meiner Ansicht giebt es außer dem männlichen und weiblichen Geschlechte noch ein drittes, ganz besonderes. Das bezeugt u. A. auch Christus, wenn er sagt, dass es einigen gegeben sei, in der Ehe zu leben, anderen nicht. Es ist das Urgeschlecht, welches ich meine. Adam war ein solcher Urning, ehe die Eva als ein Theil seines Selbst aus ihm genommen war; es waren gewissermaßen beide Geschlechter in ihm vereinigt. Diesem dritten Geschlechte gehöre ich an.

Präs. Wie äußert sich denn die Neigung dieses Geschlechts?

Angekl. Sie besteht in der Liebe zu jenem «ersten Geschlechte». Die Aeußerungen dieser Liebe indeß treten nicht in einer vor dem Gesetze strafbaren Form hervor.

Präs. Wie aber äußert sich denn Ihre Neigung?

Angekl. In wechselseitigen Liebkosungen mit einem Manne. Das hielt ich allerdings früher auch für strafbar, aber von Autoritäten des Rechtes habe ich in der letzten Zeit erfahren, daß das Gesetz dergleichen nicht bedroht. Es ist weit in der Gesellschaft verbreitet, und man sollte ihm doch dieselbe Berechtigung zugestehen, wie jenem Laster, welches ein Privilegium genießt.

Präs. Sie sollen sich oft zum Vertheidiger der Knabenliebe aufgeworfen haben.

Angekl. Verstehen sie die Knabenliebe in dem edlen griechischen Sinne, so bekenne ich mich zu derselben.

Präs. Wie denken Sie über den Corny'schen Mord, war der nicht Folge einer sexuellen Verirrung?

Angekl. Der Corny'sche Fall, von dem wir Alle gleichmäßig aufs tiefste ergriffen waren, ist meiner Ueberzeugung nach kein Akt der Lüsternheit, sondern eine brutale That, ein Akt der Rache, ich wenigstens fasse es nicht anders. Wie Verstümmelungen aus sexuellen Neigungen hervorgehen können, das ist mir unbegreiflich.

Präs. Wann trat Ihre besondere Neigung zuerst auf.

Angekl. Sie fing an zwischen dem 7. und 8. Jahre. Zum weiblichen Geschlechte fühlte ich mich nie hingezogen, darum habe ich auch nie Verhältnisse mit Mädchen gehabt. Das sage ich nicht, um es als ein Verdienst hervorzuheben, sondern es lag in meiner Natur, und ich hätte mir Zwang anthun müssen, um mich mit ihnen einlassen zu können.

Präs. Haben sie sich auch nie zu Kindern hingezogen gefühlt.

Angekl. Nie in dem Sinne, wie die Anklage behauptet. Meine Wirthsleute müßten darum wissen, denn sie hatten oft in der That reizende Kinder.

Präs. Dachten Sie nie an eine Heirath?

Angekl. Nie! Sie wäre ja eine Sünde gegen meine Natur gewesen.

Präs. Haben sie einer religiösen Richtung angehört?

Angekl. Wäre ich einer religiösen Richtung in der That ergeben gewesen, so hätte mich das sicherlich von meiner Leidenschaft gerettet. Doch ich schwankte hin und her. Wenn ich auch wohl einmal angezogen wurde von dem Edlen in der Religion, dennoch fühlte ich mich stets als Hellene, als ein Heide. Ich sah wohl, daß ich in einer reinen Sphäre nicht zu leben vermochte, mehr und mehr zog sich alles von mir zurück und so vereinsamte ich. In mir hat sich ein Bruch vollzogen zwischen Natur und Geist, der Geist weiß genau, was er will, aber die Natur hindert ihn an der Ausführung und daraus ergiebt sich meine unglückliche Verirrung. Nur Menschen mit gesund organisirter Natur vermögen sich mit sich selbst in Einklang zu setzen, ich kann es nicht.

Präs. Sie nehmen also für Ihre Neigung eine Berechtigung in Anspruch.

Angekl. Nur eine natürliche Berechtigung, eine sittliche nicht.

Präs. Worauf würde sich denn Ihr Anspruch beziehen.

Angekl. Ich würde wünschen, mit einem Mann geschlechtlich zusammen zu leben, nicht in der Weise freilich, welche die Anklage voraussetzt, und welche mir Widerwillen verursacht.

Präs. Halten Sie das in der Gesellschaft für möglich.

Angekl. Nein, darum bin ich auch ein tief Verirrter der menschlichen Gesellschaft. Aber doch betone ich, dass mir und meines Gleichen die Berechtigung zuerkannt werde, welche das privilegirte Loos genißt. Uns jedoch ist sie vorenthalten, darum nennt mich die Gesellschaft einen Verirrten und ich muß ihr Rechnung tragen.

Präs. Sie selbst bezeichneten sich ja so eben als einen Verirrten.

Angekl. Meine Worte bezogen sich nur auf die Form, in welcher meine Neigung auftrat.

Präs: Welches war denn diese Form?

(Die Antwort des Angeklagten auf diese Frage läßt sich ohne Verletzung der Wohlanständigkeit nicht wiedergeben.)

Präs. Berührten Sie auch andere Körpertheile derer, welchen Sie geneigt waren?

Angekl. Ich mag ihnen auch wohl einmal auf die Schenkel geklopft haben. Wenn man Jemand liebt, so kommt es nicht darauf an, wo man ihn berührt.

Präs. Wer war denn Gegenstand Ihrer Liebkosungen?

Angekl. Verschiedene Männer; nur die ich besonders lieb hatte, waren für gewöhnlich vor meiner Annäherung geschützt. Der plötzlich Eindruck und auch der Wechsel hatten besonderen Reiz für mich.

Präs. Sie sollen sich sogar Männern unschicklich genaht haben, die Sie zum ersten Male sahen.

Angekl. Darin muß ich mich schuldig bekennen. Ich wich von der Norm ab, welche die conventionellen Formen vorschreiben; ich verletzte die Regeln der Wohlanständigkeit, weil ich mich nicht beherrschen konnte.

Präs. Sie verurtheilen also selbst Ihr Benehmen?

Angekl. Ich leugne diese Ungehörigkeiten nicht, denn ich hasse jede Unklarheit.

[…] (Anonym 1869, 9-12)

Unter anderem auch wegen dieser Einlassungen wurde von Zastrow medizinisch begutachtet, ob eine Geisteskrankheit oder Unzurechnungsfähigkeit vorliege. Gutachter waren die Gerichtsmediziner Carl Liman (1818–1891) und Karl Skrzeczka, der auch in der Medizinal-Deputation saß und sich gegen die Strafbarkeit von Homosexualität ausgesprochen hatte, sowie der Berliner Psychiater Karl Westphal (1833–1890). Der Prozess wurde vertagt.

Im Oktober 1869 fand dann der zweite Prozesstermin statt. Die Vorwürfe stützten sich ausschließlich auf sehr dünne Indizien, von denen lediglich die Gebissspur und der aufgefundene Stock relevant blieben. Von Zastrow bestritt, dass ihm der Stock gehöre. Es gab dazu Be- und Entlastungszeugen. Der Staatsanwalt behauptete in seiner Anklage ausdrücklich und wortwörtlich, weil von Zastrow widernatürliche Neigungen habe, sei ihm auch das Verbrechen an Hanke zuzutrauen. Er sei ein widernatürlich Unzüchtiger, ergo sei ihm das widernatürliche Verbrechen – Vergewaltigung an dem Kind – zuzutrauen.

Von Zastrow wurde schließlich wegen sexuellen Missbrauchs an einem

Kind und Körperverletzung, nicht aber wegen Mordversuchs, zu fünfzehn Jahren Zuchthaus verurteilt. Er starb ein paar Jahre später an einer Rippenfellentzündung in der Haft.

Keine dieser Taten und Fälle - Corny, Preuß, Flack, Hanke und von Zastrow - hatten irgendetwas damit zu tun, was im Paragrafen 175 unter Strafe stand. Und trotzdem, wenn wir uns jetzt noch einmal die Waage anschauen, hat plötzlich die Seite der Strafbefürworter erheblich an Gewicht gewonnen und wir ahnen, was öffentliche Moral heißt, wir ahnen, was es heißt, dass das Volk in dem Delikt nicht nur ein Laster sondern ein Verbrechen sieht. Wenn der Öffentlichkeit diese Handlungen über Jahre ausschließlich in Form von Verbrechen präsentiert werden, ist dies auch in keiner Weise verwunderlich.

| ***Pol.-jur. Ebene*** | ***Lobby-Ebene*** | ***Ereignis-Ebene*** |
|---|---|---|
| | *1864: Ulrichs' erstes Buch erscheint.* | |
| | *30.08.1867: Ulrichs' Rede auf dem Juristentag in München.* | *16.02.1867: Mord an Corny* |
| *17.06.1868: Auftrag für ein neues StGB im NB.* | | |
| *12.08.1868: Auftrag von Justiz an Wissenschaft zur Erstellung eines Gutachtens.* | | |
| *10/1868: Wissenschaft beauftragt Medizinal-Deputation.* | | *12/1868: «Fall» Preuß* |
| *22.03.1869: Abgabe des Gutachtens der Medizinal-Deputation.* | *1869: Kertbenys und 40 weitere Eingaben von Bürgern gegen den § 175.* | *1/1869: Mordversuch an Hanke* |

| | | |
|---|---|---|
| *17.04.1869: Minister Mühler empfiehlt Beibehaltung des § 175.* | *30.03.1869: Petition der ev. Kirche.* | *5/1869: «Fall» Flack* |
| | | *7/1869: 1. Prozess Zastrow* |
| | | *10/1869: 2. Prozess Zastrow* |
| *31.05.1870: Verkündung des § 175 im StGB des NB.* | | |
| *15.05.1871: § 175 im RStGB.* | | |

Karl Heinrich Ulrichs und Karl Maria Kertbeny waren überzeugt davon, dass der Prozess gegen von Zastrow größten Einfluss auf die Entscheidung zur Beibehaltung der Strafbarkeit der Homosexualität hatte. Der Kertbeny-Biograf Manfred Herzer geht heute davon aus, dass beide den Einfluss des Falles überschätzt hätten. Die Übernahme des Paragrafen in das Strafgesetzbuch «kann kaum mit dem Zastrow-Prozeß in Zusammenhang gebracht werden» (Herzer 1992, 62). Ein Argument nennt er jedoch nicht.

Dagegen wäre einiges anzuführen – und damit betreten wir eine bislang nicht erforschte Ebene im Multi-Arenen-Spektakel: Über die Aufnahme eines Paragrafen in ein Strafgesetzbuch entscheiden letztlich Politiker. Ihre Empfänglichkeit für Tagesereignisse oder die öffentliche Stimmung, ihre konfessionelle Einstellung und ihre Verstrickung in Verbände und Interessengruppen sowie letztlich ihr Mut, auch öffentlich Stellung zu beziehen, sind ausschlaggebend für ihre Entscheidungen. Ein Ereignis wie der Zastrow-Fall kann dabei dem einen nützen, eine konservative Entscheidung zu fällen, und dem anderen, keine liberale treffen zu müssen.

Diese Geschichte hat übrigens interessante Parallelen, die hier jedoch nur angerissen werden können: Um 1912 gibt es erstmals wieder Diskussionen um eine Reform des Strafgesetzbuches und der § 175 steht wieder zur

Disposition. Diesmal hat sich bereits durch die Petition des Wissenschaftlich-humanitären Komitees praktisch das gesamte kritische Geistesleben Deutschlands gegen den Paragrafen ausgesprochen. Neben den ärztlichen Fachautoritäten betritt jetzt noch eine weitere ernst zu nehmende Wissenschaftlergruppe die Arena: Viele der namhaften Kriminologen jener Zeit sprechen sich für die Straflosigkeit der Homosexualität aus. Es entsteht ein regelrechtes Gerangel um Entwürfe. Wieder gibt es einen ‚Lustmord', diesmal an dem 12-jährigen Jungen Otto Klähn, begangen von dem angeblichen Homosexuellen Joseph Ritter. Der Fall erfährt entsprechende mediale Aufmerksamkeit. Das neue Massenmedium Tageszeitung ist ein weiterer Akteur im Spektakel.

Die nächste ernst zu nehmende Strafrechtsreform stand um 1929 an. Im Schatten des Haarmann-Falles werden in den nächsten Jahren drei Jungen - einer 15, zwei 16, einer in Gladbeck, zwei in Berlin - auf bestialische Weise ermordet (vgl. Kettler u.a. 2001). Die Ermittlungen führten in ein scheinbar unentwirrbares «Homosexuellenmilieu» und erbrachten keine brauchbaren Ergebnisse. Atmosphärisch erzeugten die Fälle das Bild des gefährlichen Homosexuellen und Jugendverführers. Zu dieser Zeit waren aus dem skurrilen Dritten Geschlecht in der Zuschreibung gefährliche Sittlichkeitsverbrecher geworden (Dobler 2008, 414-416).

Aber zurück in das Jahr 1869/70. Auf der politischen Ebene waren drei Personen genannt worden: die Minister von Mühler und Leonhardt und bislang nur am Rande Otto von Bismarck. Bleiben wir zunächst bei von Mühler. Er war verheiratet mit Adelheid von Mühler, deren extremer Einfluss auf ihren Mann verschiedentlich dokumentiert wurde. Sie hatte direkte Beziehungen zu Wilhelm I. und in die preußische Politik (vgl. Bismarck 1928, 272). Ihr Bruder, Gustav Goßler, wurde 1881 preußischer Kultusminister. Adelheid von Mühler gehörte protestantischen und ultrakirchlichen Kreisen an, die erheblich für die Aufrechterhaltung der Strafbarkeit der Homosexualität agitiert hatten (vgl. Ulrichs 1880, 76-77).

Unklar ist die Rolle von Leonhardts. Aus hannoveraner-welfischer Sicht war er sicher ein Opportunist, der die verhassten preußischen Okkupanten unterstützte, damit aber auch ein Minister von Bismarcks Gnaden, der sich nicht weit aus dem Fenster lehnen konnte. Er soll eher liberal und aufgeschlossen gewesen sein. Bismarck kann man in dieser Frage sicher als

Hardliner einstufen. Seine negativen Äußerungen über homosexuelle Cliquenbildungen veranlassten letztlich Maximilian Harden gegen Fürst zu Eulenburg vorzugehen (vgl. Rogge 1959, 9; Domeier 2010; zur Haltung Bismarcks auch Dobler 2004, 49-126).

Es ist unklar, was Leonhardt empfahl. In der einen Tasche hatte er das Gutachten der Medizinal-Deputation, in der anderen das Schreiben von von Mühler, das die Beibehaltung der Strafbarkeit empfahl. Der weitere Weg der Entwürfe durch die Ministerialbürokratie und letztendlich zu derjenigen Kommission, die an einem entscheidenden Tag den Daumen hob oder senkte, ist bislang unbekannt. Damit ist bislang auch nicht klar, welche Personen weiter damit befasst waren.

Unbekannt ist bei diesen Personen auch ihre Verstrickung in und Beeinflussung durch kirchliche Kreise. Auch fehlt der letztendliche Nachweis, inwieweit der Zastrow-Prozess dankend zum Anlass genommen wurde, sich für die Strafbarkeit auszusprechen. In diesem Zusammenhang wäre auch interessant, ob von ‚oben' Einfluss auf den Prozess genommen wurde. Denn wäre es zu einem Freispruch gekommen, hätte auch verdeutlicht werden müssen, dass homosexuell veranlagt zu sein nicht gleichbedeutend ist mit der Vergewaltigung von Kindern, was der Argumentation der Bestrafungsbefürworter entgegengestanden hätte.

## AUSBLICK

In der Geschichte des § 175 sind, soweit bislang bekannt, gut 140 000 Personen verurteilt worden; nicht darin eingerechnet sind diejenigen, die aufgrund der Militärjustiz verurteilt wurden, und diejenigen, die anstatt einer Strafe in Jugendfürsorgeeinrichtungen kamen. Wenn wir uns an die bislang bekannten Zahlen halten, sind während der NS-Zeit 5000 bis 10 000 Personen in Konzentrationslagern interniert und 2000 bis 5000 Gefangene dort ermordet worden. Unbekannt ist die Zahl derjenigen, die sich im gesamten Zeitraum aufgrund von Ermittlungsverfahren das Leben genommen haben. Tausende Jahre an Gefängnisstrafen wurden verbüßt und endlose Summen von Geldstrafen wurden verhängt sowie Haft- und Gerichtskosten bezahlt. Eine Hamburger Forschergruppe hat aufgrund der Verurteilungen in Hamburg allein während der NS-Zeit eine Gesamtsumme von

550 000 Reichsmark errechnet, die von den Verfolgten bezahlt werden musste, eine Summe, die man heute je nach Rechenmodell mal 2,5 oder mal 5,5 nehmen müsste, um eine realistische Entschädigungssumme zu ermitteln, was allein für Hamburg 1,3 bis 3 Millionen Euro ergeben würde (vgl. Micheler/Terfloth 2002, 80-91).

Angesichts des Leides, das der § 175 gebracht hat, halte ich es für unumgänglich, das Zustandekommen dieses Paragrafen genau zu untersuchen. Das ist jedoch Kärrnerarbeit und in diesem Fall auch interdisziplinäre Arbeit. Dafür braucht es Zeit und eine vernünftige Bezahlung. An der mangelnden Finanzierung hapert es in der LSBTI-Geschichtsforschung derzeit am meisten.

Die schwule Geschichtsforschung macht oft den Eindruck einer wohlwollenden Forschung, einer den etablierten Wissenschaften die Hand reichenden, sich duckenden, ein bisschen buckelnden, vor allem sich erklärenden Forschung. Eine Forschung aus der Opferperspektive. Andererseits ist es eine Forschung, die die Erfolge und Arbeit der Schwulen- und Lesbenbewegung in den Vordergrund stellt. Auf die alte Bewegung bezogen geht es um die Arbeit des Wissenschaftlich-humanitären Komitees, die große Petition mit ihren Tausenden Unterschriften, die vielen heterosexuellen Unterstützer, allen voran August Bebel von der SPD, die vielen Initiativen zu Abschaffung des Paragrafen.

Unter dem Strich hatten aber alle diese homopolitischen Initiativen keinen Erfolg. Diesem nüchternen Ergebnis gegenübergestellt gibt es so gut wie keine Forschungen über die Gegner, über ihre Strategien, ihre Machenschaften und ihre Arbeitsweise. Am Beispiel der Einführung des § 175 ins Strafgesetzbuch müssen wir konstatieren, dass wir kaum etwas über die Strippenzieher im Hintergrund wissen und welche Interessengruppen die entscheidenden Rollen spielten.

Das gleiche Defizit gilt für die großen letztlich gescheiterten Strafrechtsreformen um 1912 und um 1929. Wir kennen zwar alle Gegenentwürfe und Initiativen der Bewegung, wissen aber so gut wie nichts über die Strategien der Gegner, obwohl zumindest bei oberflächlicher Betrachtung sich sogar Gesetzmäßigkeiten ihres Vorgehens erkennen lassen.

Die Gegnerstrukturen zu erforschen, Institutionenforschung, das wünschte ich mir von einer künftigen lesbisch-schwulen Geschichtsforschung, das hieße Grundlagen schaffen und die Zügel selbst in die Hand nehmen.

## LITERATUR


Anonym (1869): Die Schwurgerichts-Verhandlung gegen Friedr. Wilh. Carl v. Zastrow. Maler und Seconde-Lieutenant a. D. Verhandelt am 6. Juli und 25.-30. Oktober 1869. Berlin.

Bahrdt, Carl Friedrich (1790): Handbuch der Moral für den Bürgerstand. Halle.

Baumann, Jürgen (1968): Paragraph 175. Über die Möglichkeit, die einfache, nichtjugendgefährdende und nichtöffentliche Homosexualität unter Erwachsenen straffrei zu lassen (zugleich ein Beitrag zur Säkularisierung des Strafrechts). Berlin, Neuwied.

Berndl, Klaus (2007): Die Aufhebung der Todesstrafe für «unnatürliche Sünden» in Preußen, 1794, in: Invertito - Jahrbuch für die Geschichte der Homosexualitäten 9. Jg., S. 8-37.

Bismarck, Otto von (1928): Gedanken und Erinnerungen. Die drei Bände in einem Bande. Stuttgart, Berlin.

Bleibtreu-Ehrenberg, Gisela (1978): Tabu Homosexualität. Die Geschichte eines Vorurteils. Frankfurt (Main).

Cella, Johann Jakob (1787): Ueber Verbrechen und Strafe in Unzuchtsfällen. Zweibrücken und Leipzig.

Die öffentliche Sittenlosigkeit mit besonderer Beziehung auf Berlin, Hamburg und die andern großen Städte des nördlichen und mittleren Deutschlands. Petition und Denkschrift des Central-Ausschusses für die innere Mission der deutschen evangelischen Kirche, überreicht dem Reichstage des Norddeutschen Bundes nebst dem betreffenden Reichstags-Beschlusse und einem Anhange (1869). 3. Auflage Berlin. [erschien 1869 in mindestens 5 Auflagen].

Dobler, Jens: Ulrichs vs. Preußen, in: Setz (2004), S. 49-126.

Dobler, Jens (2008): Zwischen Duldungspolitik und Verbrechensbekämpfung. Homosexuellenverfolgung durch die Berliner Polizei von 1848 bis 1933. Frankfurt (Main).

Domeier, Norman (2010): Der Eulenburg-Skandal. Eine politische Kulturgeschichte des Kaiserreichs. Frankfurt (Main).

Fahner, Johann Christoph (1800): Vollständiges System der gerichtlichen Arzneikunde. Ein Handbuch für Richter und gerichtliche Aerzte. Dritter Band. Stendal.

Goschler, Constantin (2002): Rudolf Virchow: Mediziner - Anthropologe - Politiker. Köln.

Grolmann, Karl von (1818): Grundzüge der Criminalrechtswissenschaft. (1. Auflage Gießen 1797) 3. verbesserte Auflage. Giessen.

Henke, Eduard (1823/1826): Handbuch des Criminalrechts und der Criminalpolitik (1. Teil 1823, 2. Teil 1826). Berlin und Stettin.

Henke, Adolph (1832): Lehrbuch der gerichtlichen Medicin, (1. Auflage 1812) 7. Auflage. Berlin.

Herzer, Manfred: Zastrow - Ulrichs - Kertbeny. Erfundene Identitäten im 19. Jahrhundert, in: Lautmann, Rüdiger/Taeger, Angela (Hrsg.) (1992), S. 61-80.

Hutter, Jörg (1987): Definitionsmacht Medizin und soziale Kontrolle homosexuellen Verhaltens, in: Kriminologisches Journal 2. Beiheft, S. 148-158.

Hutter, Jörg (1992): Die Entstehung des § 175 im Strafgesetzbuch und die Geburt der deutschen Sexualwissenschaft, in: Lautmann, Rüdiger/Taeger, Angela (1992), S. 187-238.

Kennedy, Hubert (2001): Karl Heinrich Ulrichs. Leben und Werk (1. Auflage Stuttgart 1990). 2., erweiterte Auflage (Bibliothek rosa Winkel, Band 27) Berlin.

Kertbeny, Karl Maria (2000): Schriften zur Homosexualitätsforschung, herausgegeben von Manfred Herzer (Bibliothek rosa Winkel, Band 22). Berlin.

Kettler, Sabine/Stuckel, Eva-Maria/Wegener, Franz (2001): Wer tötete Helmut Daube? Der bestialische Sexualmord an dem Schüler Helmut Daube im Ruhrgebiet 1928. Gladbeck.

Klare, Rudolf (1937): Homosexualität und Strafrecht, Hamburg.

Lautmann, Rüdiger/Taeger, Angela (Hrsg.) (1992): Männerliebe im alten Deutschland. Sozialgeschichtliche Abhandlungen (Sozialwissenschaftliche Studien zur Homosexualität, Band 5), Berlin.

Lautmann, Rüdiger (1992a): Das Verbrechen der widernatürlichen Unzucht. Seine Grundlegung in der preußischen Gesetzesrevision des 19. Jahrhunderts, in: Lautmann/Taeger (1992), S. 141-186.

Lautmann, Rüdiger (1992b): Das Verbrechen der widernatürlichen Unzucht. Seine Grundlegung in der preußischen Gesetzesrevision des 19. Jahrhunderts, in: Kritische Justiz 25. Jg., S. 294-314.

Marx, Heinrich (1875): Urningsliebe. Die sittliche Hebung des Urningthums und die Streichung des § 175. Leipzig.

Masius, Georg Heinrich (1812): Lehrbuch der gerichtlichen Arzneikunde für Rechtsgelehrte, Zweiter Teil: System der gerichtlichen Arzneikunde. 2. vermehrte Auflage, Altona.

Masius, Georg Heinrich (1822): Handbuch der gerichtlichen Arzneiwissenschaft. Zum Gebrauche für gerichtliche Ärzte und Rechtsgelehrte. Stendal.

Mende, Ludwig Julius Caspar (1824): Angebliche Vorspiegelung des männlichen Geschlechts von einer betrügerischen Weibsperson, in: Beobachtungen und Bemerkungen aus der Geburtshülfe und gerichtlichen Medizin (hrsg. Mende) 1. Jg., S. 165-172.

Mende, Ludwig Julius Caspar (1984): Ausführliches Handbuch der gerichtlichen Medizin für Gesetzgeber, Rechtsgelehrte, Aerzte und Wundärzte. Erster Theil: Kurze Geschichte der gerichtlichen Medizin, und ihres formellen Theils erster Abschnitt. (1. Ausgabe Leipzig 1819). Reprint Leipzig.

Micheler, Stefan/Terfloth, Moritz (2002): Homosexuelle Männer als Opfer des Nationalsozialismus in Hamburg. Hamburg.

Quanter, Rudolf (1925): Die Sittlichkeitsverbrechen im Laufe der Jahrhunderte und ihre strafrechtliche Beurteilung. 8. Auflage. Berlin.

Rogge, Helmuth (1959): Holstein und Harden. Politisch-publizistisches Zusammenspiel zweier Außenseiter des Wilhelminischen Reichs. München.

Schmidt-Volkmar, Erich (1962): Der Kulturkampf in Deutschland 1871-1890. Göttingen, Berlin, Frankfurt (Main).

Setz, Wolfram (Hrsg.) (2004): Neue Funde und Studien zu Karl Heinrich Ulrichs (Bibliothek rosa Winkel Band 36). Hamburg.

Sigusch, Volkmar (2008): Geschichte der Sexualwissenschaft. Frankfurt (Main).

Sommer, Kai (1998): Die Strafbarkeit der Homosexualität von der Kaiserzeit bis zum Nationalsozialismus. Eine Analyse der Straftatbestände im Strafgesetzbuch und in den Reformentwürfen (1871-1945). Frankfurt (Main).

Steidele, Angela (2004): In Männerkleidern. Das verwegene Leben der Catharina Margaretha Linck alias Anastasius Lagrantinus Rosenstengel, hingerichtet 1721. Biographie und Dokumentation. Köln, Weimar und Wien.

Taeger, Angela/Lautmann, Rüdiger (1992): Sittlichkeit und Politik - § 175 im Deutschen Kaiserreich (1871-1919), in Lautmann/Taeger (1992), S. 239-268.

Ulrichs, Karl Heinrich (1879): Critische Pfeile. Leipzig.

Ulrichs, Karl Heinrich (1994): Forschungen über das Räthsel der mannmännlichen Liebe (12 Schriften in vier Bänden). Nachdruck Berlin, das sind: Vindex (1864); Inclusa (1864); Vindicta (1865); Formatrix (1865); Ara spei (1865); Gladius furens (1868); Memnon (1868); Incubus (1869); Argonauticus (1869); Araxes (1870); Prometheus (1870); Critische Pfeile (1879).

Wachtelborn, Karl (1910): Geschlechtliche Verirrungen. 2. Auflage. Lorch.

Weingand, Hans-Peter (2011): Homosexualität und Kriminalstatistik in Österreich, in: Invertito – Jahrbuch für die Geschichte der Homosexualitäten 13. Jg., S. 40-87.

## ÜBER DIE AUTOREN

Jens Dobler, Jahrgang 1965, lebt in Berlin. Er promovierte an der Technischen Universität in Neuerer Geschichte über die Homosexuellenverfolgung durch die Berliner Polizei zwischen 1848 und 1933. Davor studierte er Erziehungswissenschaften, Psychologie und Neuere Geschichte. Bevor er sich der Geschichtsforschung zuwandte, arbeitete er viele Jahre als Wissenschaftsjournalist über Antischwule Gewalt. Heute ist er Archiv- und Bibliotheksleiter des Schwulen Museums in Berlin.

Benno Gammerl, Jahrgang 1976, promovierte an der Freien Universität Berlin über Staatsbürgerschaft in imperialen Kontexten. Zurzeit arbeitet der Historiker am Forschungsbereich Geschichte der Gefühle am Max-Planck-Institut für Bildungsforschung in Berlin. Dort forscht er zu Homosexualität und Gefühlsleben auf dem westdeutschen Land zwischen 1960 und 1990.

# Queer Lectures

Heft 1 - 4, 1. Jahrgang 2008

DAGMAR HERZOG:
ILLEGITIMES KIND DER SEXUELLEN REVOLUTION
Die religiöse Rechte in den USA, Sex und Macht

TATJANA EGGELING:
SCHWULE UND LESBEN IM ABSEITS
Fußball als Hort der Heterosexualität

MARTIN DANNECKER:
FREUDS DEKONSTRUKTION DER SEXUELLEN NORMALITÄT
Wie schwul ist der moderne Mann

Heft 5, 1. Jahrgang 2008

CLAUDIA LIEBRAND: «JOHN WAYNE
WOULDN'T LIKE GAY COWBOYS.»
Ang Lees Western «Brokeback Mountain» und die Genretradition

Heft 6, 2. Jahrgang 2009

MANFRED BRUNS: HOMOSEXUALITÄT UND
DEUTSCHE JURISDIKTION
Zur Umsetzung der Yogyakarta-Prinzipien in Deutschland

Heft 7, 2. Jahrgang 2009

ROBIN BAUER: «IHRE ELTERN DACHTEN,
DASS SIE EIN JUNGE WÄRE.»
Transsexualität und Transgender in einer zweigeschlechtlichen Welt

# Queer Lectures

Heft 8, 3. Jahrgang 2010

ANDREAS PRETZEL: HOMOSEXUELLENPOLITIK
IN DER FRÜHEN BUNDESREPUBLIK

Heft 9, 4. Jahrgang 2011

JUDITH BUTLER:
QUEERE BÜNDNISSE UND ANTIKRIEGSPOLITIK

Heft 10, 4. Jahrgang 2011

ILKA QUINDEAU:
WIE WIRD MAN HETEROSEXUELL?

Heft 11, 4. Jahrgang 2011

LUTZ VAN DIJK:
IST LIEBE EIN MENSCHENRECHT?
Eine südafrikanische Entgegnung auf Judith Butlers «Berliner Rede»

Heft 12, 5. Jahrgang 2012

VOLKER WOLTERSDORFF
(D.I.LORE LOGORRHÖE):
COMING-OUT
Strategien schwuler Selbstbehauptung seit Stonewall

Heft 13, 6. Jahrgang 2013

GRAHAM WILLETT
MARDI GRAS UND QUEER HISTORY DOWN UNDER
Zur Geschichte der australischen Schwulen- und Lesbenbewegung

# *Queer Lectures* Bestellformular

☐ Ich möchte die *Queer Lectures* kennenlernen und bestelle das **Mini-Abo** (3 Hefte, je ein Aufsatz, in Folge beginnend ab der nächsten Ausgabe) für **nur € 16,-** inkl. Versandkosten **(ohne automatische Verlängerung!).**

☐ Ich abonniere* die Zeitschrift *Queer Lectures* (Erscheinungsweise viermonatlich, Ladenpreis € 6,-/Heft) ab der nächsten Ausgabe als **Jahresabonnement** (3 Hefte, je ein Aufsatz) **zum Vorzugspreis** von **€ 14,-** inkl. Versandkosten.

☐ Ich abonniere* die Zeitschrift *Queer Lectures* (Erscheinungsweise viermonatlich, Ladenpreis € 6,-/Heft) ab der nächsten Ausgabe als **Jahresabonnement** (3 Hefte, je ein Aufsatz) **zum Sozialpreis** von **€ 10,-** inkl. Versandkosten.
(Entsprechende Bescheinigung bitte beifügen: z.B. Immatrikulationsbescheinigung bei Studierenden).

Bitte senden Sie mir/uns folgende(s) bereits erschienene(s) Heft(e) gegen Rechnung zu:

☐ Erstausgabe (Heft 1-4, vier Aufsätze) zum Preis von **€ 14,- zzgl. Versandkosten in Höhe von € 1,45.**

☐ Einzelheft(e): Nr. ____________ zum Einzelpreis von **€ 6,- zzgl. Versandkosten in Höhe von € 1,45.**

☐ Bitte senden Sie mir/uns Ihren E-Mail- Newsletter zu.

☐ Bitte senden Sie mir/uns in Zukunft keine weiteren Informationen zu.

**Rückantwort an:**
Initiative Queer Nations e.V.
Postfach 44 03 24 – 12003 Berlin
Fax 0 30 - 61 30 58 52
vorstand@queer-nations.de

**Absender:**
(bitte in Druckschrift ausfüllen!)

____________________
Organisation / Juristische Person

____________________
Vorname Nachname

____________________
Straße Nr. / Postfach

____________________
PLZ Ort / Land

____________________
Tel. / Fax

____________________
E-Mail

* Es gilt eine Kündigungsfrist von zwei Monaten vor Ablauf des Rechnungszeitraums. Wird diese nicht eingehalten, verlängert sich das Abo automatisch um ein Jahr.

____________________
Ort, Datum

____________________
Rechtsverbindliche Unterschrift 1

**Widerspruchsrecht:** Mir/Uns ist bekannt, dass ich diese Bestellung innerhalb von 10 Tagen schriftlich bei der Initiative Queer Nations e.V., PF 44 03 24, 12003 Berlin widerrufen kann. Für die Einhaltung der Frist reicht die termingerechte Absendung (Poststempel als Nachweis).

____________________
Ort, Datum

____________________
Rechtsverbindliche Unterschrift 2

INITIATIVE queer nations

# Initiative Queer Nations
# Mitgliedsantrag

☐ Ich/Wir beantrage/n die Aufnahme in den Verein Initiative Queer Nations e.V. als ***stimmberechtigtes Mitglied***. Die aktuelle Satzung ist mir/uns bekannt; ich/wir erkenne/n sie an.

☐ Den aktuellen Mitgliedsbeitrag in Höhe von 120,- €/Jahr (natürliche Personen) bzw. 500,- €/Jahr (juristische Personen: z.B. Vereine, Unternehmen, Stiftungen) erkenne/n ich/wir an. Mir/Uns ist bekannt, dass im Beitrittsjahr der vollständige Jahresbeitrag (unabhängig von dem Aufnahmedatum in den Verein!) fällig wird. Auf Antrag und Nachweis kann der Vorstand über einen geringeren *Sozialbeitrag* entscheiden.

☐ Ich/Wir möchte/n die Arbeit des Vereins mit einem **zusätzlichen** *einmaligen/regelmäßigen* (nicht zutreffendes bitte streichen) ***Beitrag*** in Höhe von ____________ €/Jahr unterstützen.

☐ Hiermit beantrage/n ich/wir die Aufnahme in den Verein Initiative Queer Nations e.V. als ***nicht stimmberechtigtes Fördermitglied*** mit einem Jahresbeitrag von 240,- €. Die aktuelle Satzung ist mir/uns bekannt; ich/wir erkenne/n sie an.

Die Zahlung erfolgt einmal jährlich:

☐ per Überweisung nach Beitragsrechnung durch den Verein.

☐ per Einzugsermächtigung. Hiermit ermächtige/n ich/wir die Initiative Queer Nations e.V. widerruflich, die von mir/uns zu entrichtenden Zahlungen bei Fälligkeit zu Lasten meines/unseres Kontos per Lastschrift einzuziehen.

______________________________________________
Kontoinhaber/in

______________________________________________
Kontonummer

______________________________ | ______________________________
Bank | BLZ

______________________________________________
Ort, Datum

______________________________________________
Unterschrift der/des Kontoinhabers/in
bzw. Vertretungsberechtigten

INITIATIVE
queer nations

Initiative Queer Nations e.V., Vorstand
Postfach 44 03 24, 12003 Berlin